华章经管

HZBOOKS | Economics Finance Business & Management

U0331704

［美］ 杰弗里·摩尔 著
（Geoffrey A. Moore）

汪幼枫 译

杰弗里·摩尔
管理系列

INSIDE THE TORNADO

STRATEGIES FOR DEVELOPING,
LEVERAGING,
AND SURVIVING HYPERGROWTH MARKETS

龙卷风暴

机械工业出版社
China Machine Press

图书在版编目（CIP）数据

龙卷风暴 /（美）杰弗里·摩尔（Geoffrey A. Moore）著；汪幼枫译 . -- 北京：机械工业出版社，2021.7

（杰弗里·摩尔管理系列）

书名原文：Inside the Tornado: Strategies for Developing, Leveraging, and Surviving Hypergrowth Markets

ISBN 978-7-111-68589-0

I. ①龙… II. ①杰… ②汪… III. ①公司 - 企业管理 - 研究 IV. ① F276.6

中国版本图书馆 CIP 数据核字（2021）第 159223 号

本书版权登记号：图字 01-2021-3040

龙卷风暴

出版发行：机械工业出版社（北京市西城区百万庄大街 22 号 邮政编码：100037）

责任编辑：杨振英　　　　　　　　　　责任校对：殷 虹

印　　刷：北京诚信伟业印刷有限公司　　版　　次：2021 年 8 月第 1 版第 1 次印刷

开　　本：170mm×230mm　1/16　　　印　　张：19

书　　号：ISBN 978-7-111-68589-0　　定　　价：79.00 元

客服电话：（010）88361066　88379833　68326294　　投稿热线：（010）88379007

华章网站：www.hzbook.com　　　　　　　　　　读者信箱：hzjg@hzbook.com

谨以此书纪念

热爱文学的帕特丽莎·C. 摩尔（Patricia C. Moore），

她擅长运用语言，并尽力将这份天赋传给了儿子。

作者的话 | AUTHOR'S NOTE

在我研究计算机行业的 25 年里，该行业已经从经济的一小部分发展到价值超过一万亿美元，并渗透到我们生活的方方面面。这样大的改变怎么会在如此短的时间内发生？

答案就在于一种被本书称为"**龙卷风**"的市场发展现象。该术语指短暂的超高速增长，在此期间，市场增长率达到三位数，新产品种类急剧增加。为什么会发生这种情况？这种情况是如何发生的？公司必须怎么做才能参与到这种现象中？这些都是本书接下来要探讨的话题。

本书第 1 版于 20 世纪 90 年代中期写就，当时，大型计算机、微型计算机、个人电脑、局域网、激光打印机和关系数据库的龙卷风已经来了又去，而 Windows 系统、喷墨打印机和客户机 / 服务器的龙卷风正势头强劲，手机和网络的龙卷风则刚刚开始形成。那时，整个世界就像一个巨大的龙卷风赛场。再接下来，就是泡沫。

泡沫代表金融市场终于对龙卷风现象豁然开窍，并决定将龙卷风现象考虑进一整类证券定价的未来走势中，我们当时称金融市场中的这些公司为互联网公司（dot.coms），几年后又称之为互联网炸弹（dot.bombs）。在本书撰写之际，泡沫破裂所产生的幻灭感仍未完全消散，这反过来又使人们怀疑龙卷风现象本身是否也只是过眼烟云。但是，我向你保证，事实绝非如此。

正如本书接下来将详细介绍的那样，市场开发的龙卷风阶段牢牢地扎根于已获得充分证实的技术采用生命周期的动态过程中，这可以具体追溯到务实主义决策者们在面对高风险采购决策时的行为。这种行为的本质特点在于，在决定是否要出手时，向跟他们一样务实的同行们看齐：看到同行们在做什么，他们就会做什么。

这种跟着羊群走的从众式决策风格导致了两种相反的结果。在一个新产品生命周期的开始，当很少有人采用该产品时，这会导致整个务实主义群体退缩，造成一种我称之为"鸿沟"的市场发展现象。《**跨越鸿沟**》[⊖]（*Crossing the Chasm*）是我的第一本著述，它描述了卖家如何通过市场营销来摆脱这种困境。与此相反，一旦有足够多的客户采用了这种产品，天平就会向另一端倾斜，于是羊群效应会向反方向发挥作用，而龙卷风就是这样产生的。因此，《**龙卷风暴**》一书本身是前一本书的配套图书。

这两本书所描述的市场动态机制在今天和在十年前并无差别。在本书撰写之际，我们看到了在网络服务、条形码的射频识别（RFID）替换、基因克隆和燃料电池等领域中出现的鸿沟，而在数码摄影、音乐和视频的数字化发行、移动计算、开源软件和互联网安全等领域，龙卷风正大行其道。因此，我们技术领域的所有人都有责任不断磨炼应对这两方面问题的技能。

当然，有些事情确实发生了变化，尤其是以下这两件：一个变化是，竞争者逐渐意识到龙卷风的存在，并将其纳入自己的战略思维，而客户也

⊖ 该书中文版已由机械工业出版社出版。——编者注

开始对市场领导者通过控制龙卷风所获得的力量变得敏感起来，对于是否要加强这种力量，他们现在已经不那么天真了。因此，营销人员只有将创造力提升到新的水平，才能利用这一难得的机会。

当前另一个区别于前十年龙卷风营销的变化是，过去的那些龙卷风帮助我们在全球积累了大量的技术基础设施，因此现在每一种新的范式都必须越来越擅长将这些遗产整合到位——"绿地"式[⊖]发展机会正变得越来越罕见。这就意味着，要与以前错失良机的当前市场领导者一起共事。他们始终在桌边占有一席之地，这既增加了下一波浪潮的复杂性，又使他们始终容易遭受当地竞争对手以快速效仿的方式进行的攻击。

简言之，高科技营销如地球上的其他一切事物，正在被进化的力量所塑造。你的任务始终如一：要么创新，要么消亡（或者不说得那么夸张：要么创新，要么忍受一种令人备受煎熬的廉价商品化过程，这一过程将从你的工作中榨取利润，同时不断逼迫你迎合更高的市场标准）。关于这一切的好消息是，正如本书中的模型旨在阐明的那样，技术采用生命周期所创造的创新机会其实是无限的。你不会因为缺少击球机会而失败，但要做到安全击球却是真正的挑战，而要完成本垒打则是更大的挑战。

祝你好运。

——杰弗里·摩尔

于加利福尼亚州圣马特奥

2004 年 6 月

⊖ 源自"绿地投资"，指全新投资项目，又称"创建投资"。——译者注

ACKNOWLEDGEMENTS | 致谢

　　本书旨在提炼自《跨越鸿沟》一书出版后四年来的咨询经验。这些经验的来源包括少量已出版的材料，对此我都未能加以保存或用脚注说明，其中最有价值的是迪克·沙弗（Dick Shaffer）、杰夫·塔特（Jeff Tarter）和西摩·梅林（Seymour Merrin）撰写的行业通讯，这些通讯与《计算机世界》（*Computerworld*）和《个人电脑周刊》（*PC Week*）使我得以对整个行业的最新情况保持了解。

　　本书中的大部分经验都来自同事和客户。我的同事保罗·威孚尔斯（Paul Wiefels）、汤姆·基鲍拉（Tom Kippola）和马克·加凡德（Mark Cavender）在每一个阶段都对本书做出了重大贡献。他们分享想法，批判概念，添加范例，当我完全迷失方向时通常都会点醒我。如果说我未能在他们的努力之下迷途知返，那并不代表他们没努力过。

　　我还要感谢远在地球另一端的南非共和国的同事，他们一直在将鸿沟咨询公司（Chasm Group）的方法应用于该国新兴的技术领域，他们是阿德里安·乔伯特（Adriaan Joubert）、雷尼尔·巴特（Renier Balt）、赫尔曼·马兰（Herman Malan）和约翰·维萨吉（Johan Visagie）。

　　除了这些共事者之外，我还有一些非正式的同事，他们中有许多人也是咨询顾问，从百忙中抽出时间来评论和推进本书的论点，这里面包括在 Regis McKenna 公司（RMI）工作的我的女儿玛格丽特·摩尔（Margaret Moore）、在 Robertson Stephens 公司工作的保罗·约翰逊（Paul Johnson）、在顶峰投资公司（Summit Partners）工作的汤姆·库查维（Tom Kucharvy）、在毕马威会计师事务所（KPMG Peat Marwick）工作的查尔斯·迪利西奥（Charles Dilisio）、现任斯坦福大学咨询教授汤姆·拜尔斯（Tom Byers）、独立咨询顾问安迪·索尔兹伯里（Andy Salisbury），以及同样拥有自己公司的托尼·莫里斯（Tony Morris）、安·巴蒂洛（Ann Badillo）、布鲁斯·西尔弗（Bruce Silver）、菲利普·雷（Phillip Lay）、布雷特·布林顿（Brett Bullington）和大卫·邓恩-兰金（David Dunn-Rankin）。另一个支持群体由曾经一同为 Regis McKenna 公司工作的前同事组成，其中有格雷格·拉夫（Greg Ruff）、佩奇·阿洛（Page Alloo）、格伦·赫尔顿（Glenn Helton）、罗斯玛丽·雷马克（Rosemary Remacle）、凯伦·利普（Karen Lippe）和道格·莫利托（Doug Molitor）。事实证明，我们这些人都只能替自己打工，RMI 的任何人都不会对此感到惊讶。第三个支持群体来自公共关系领域的同事，包括萨布丽娜·霍恩（Sabrina Horn）、莫林·布兰科（Maureen Blanc）、西蒙娜·奥特斯（Simone Otus）和帕姆·亚历山大（Pam Alexander）。

风险投资界也为我提供了进一步支持，其中包括以下公司：Accel Partners、Charles River Group、Atlas Partners、St.Paul Venture Capital、Mayfield Fund 和 Institutional Venture Partners（IVP）。我要特别感谢这些公司，它们花了一年时间孵化鸿沟咨询公司。此外，我非

常感谢里德·丹尼斯（Reid Dennis）、皮特·托马斯（Pete Thomas）和诺姆·福格松（Norm Fogelsong）对我的友好关注。

参与各公司的董事会也为我提供了许多经验教训，我要特别感谢 Solbourne 公司的卡尔·赫尔曼（Carl Herrmann）和沃尔特·庞兹（Walt Pounds）、Gyration 公司的汤姆·奎恩（Tom Quinn）和 PC Upgrades 公司的理查德·弗斯（Richard Furse）。

此外还有我的客户。同事提出建议，朋友提供支持，客户则是我的老师。在过去的四年里，我有幸与近 100 个不同的客户群体合作，他们不仅就我们的关系提出了很棒的问题，而且为如何解决这些问题提供了深刻的见解。这些人有很多来自惠普公司（Hewlett-Packard），由于人数众多，无法一一列举，他们对本书产生了特殊的影响，也在我的心中赢得了特殊的地位。我只想感谢邦妮·帕拉迪斯（Bonnie Paradies）和达琳·贝文（Darleen Bevin），他们帮助我们建立了这整个关系，让我收获颇丰，我对此深表感激。

在其他客户服务中接触的出类拔萃者太多了，毫无疑问，我无法对他们一一进行表扬。但在我立刻就能想到的人中，我要特别感谢 NeXT 公司的史蒂夫·乔布斯（Steve Jobs）[⊖]、优利系统公司（Unisys）的斯科特·西尔克（Scott Silk）、Documentum 公司的杰夫·米勒（Jeff Miller）和罗布·里德（Rob Reid）、仁科公司（PeopleSoft）的戴夫（Dave）和阿尔·杜菲尔德（Al Duffield）、上海合作组织（SCO）的伯纳德·休姆（Bernard Hulme）、海湾网络公司（Bay Networks）的多米尼克·奥尔（Dominic Orr）、美国电话电报公司（AT&T）的彼得·斯

⊖ 本书首次出版于 1995 年，当时史蒂夫·乔布斯执掌 NeXT 公司。——编者注

特鲁布（Peter Strub）、英特尔公司（Intel）的盖里·格里夫（Gerry Greeve）、赛贝斯公司（Sybase）的马克·霍夫曼（Mark Hoffman）和鲍勃·爱泼斯坦（Bob Epstein）、太阳计算机系统公司（Sun）的理查德·普罗布斯特（Richard Probst）和斯图·普罗科（Stew Plock）、阿斯麦平版印刷公司（ASM Lithography）的弗兰奇·德胡尔（Franki D'Hoore）和艾弗特·波拉克（Evert Polak）、罗盛软件公司（Lawson Software）的丹·麦茨格（Dan Metzger）、客户端系统公司（Client Systems）的帕特·马利（Pat Maley）、丽晶服务有限公司（Crystal Services）的希瑟·麦肯锡（Heather McKenzie）、Savi 技术公司的罗伯·赖斯（Rob Reis），以及泰克科技公司（Tektronix）的阿尔·米克什（Al Miksch）。

对于这些人，还有另一位我本打算提但忘了提的特殊人士，我要感谢你们的挑战、深刻见解和友谊。

还有一些人专门在作家坚持写作的过程中提供支持，其中包括我的文学经纪人吉姆·莱文（Jim Levine）和我的编辑克尔斯滕·桑德伯格（Kirsten Sandberg）。在鸿沟咨询公司，这项工作被交给一位你能想象到的最令人愉快的同事——安杰琳·汉利（Angelynn Hanley）。此外……

此外，就是玛丽所做的一切了。在这么多年的婚姻生活中，她一直让我的生活成为一种冒险。是她让一切最终变得有价值。她用她的眼光看世界，让我每天都对世界有新的认识。在这件事上，她有三个"同谋"，那就是我们三个可爱的孩子，玛格丽特、迈克尔和安娜。我真的很幸运，对这一切我感到心满意足。

CONTENTS | **目录**

下卷 | 对战略的影响

导　言

我在写书的时候，通常会把导言留到最后，因为我认为，一旦你能看到自己写过什么，就更容易向人们说清楚你打算写些什么。但是，能在一本书首次出版四年后写下第二篇导言，这绝对是一种特殊的礼遇。因为通过这种方式，我可以在导言中融入并回应来自不同人群的反馈，而**无须再写上一本书**！这确实是一种省力的做法。

《龙卷风暴》一书得到的反馈是非常令人满意的。高科技产业，特别是在美国，已经接受了它所提出的关键概念，并将其核心隐喻变成评估新兴市场成熟度及市场中供应商地位的通用词汇。鸿沟咨询公司已将本书作为其提供主要业务产品的平台，并由此从三个合作伙伴发展到六个合作伙伴，并且现在还在不断增加分支机构。随着该书被翻译成中文、日文、韩文、法文、德文和葡萄牙文，我们的业务正在迅速国际化，客户遍布六大洲，分支机构则分布在三大洲。本书还被斯坦福大学、哈佛大学、麻省理工学院、西北大学以及其他许多商业和工程研究生院选作教材，因此，一批已经深谙其理念的新一代企业家正在进入市场。我很难想象，作为一名作者还能有什么别的奢求。对于这样的反馈，我无比欣慰。

话虽如此，如果反馈没有指明改进的机会，那它就没有多大用处。在过去的四年里，书中列举的每一种模型几乎都经历了某种程度的蜕变，因为在现实世界中，咨询业务的压力会迫使矛盾和缺陷浮出水面。目前，我和我的同事一直在努力将新获得的经验教训更新在幻灯片库中。眼下它们尚未形成泛滥之势，但毫无疑问，洪水终有一天会决堤，届时我将把它们编入本书的修订版中，并再次测试业界的支持度。

然而，互联网形式的变革和电子商务的出现已经引发了一场海啸，迫切需要在这个关头加以应对。但在此之前，我必须发出一个警告：要将这本书中的理念应用到互联网市场上，我必须假设你作为读者已经很熟悉它们了！除非你能未卜先知，不然这么做看起来有点过于自负。所以，除非你此刻是在重读这本书，不然的话，首先，让我说声欢迎；其次，我得说谢谢你买下这本书，并且打算花时间读它；再次，我建议你现在就把这一页折起来，并直接跳到第一章去；最后，在读到这本书的结尾时，如果你还愿意的话，再回过头来，在最初开始的地方完成阅读，就把这篇导言作为后记来读吧。

（插曲：在这段时间里，第一次读这本书的读者阅读书中其余的章节，而其他读者则继续读下一小节。）

　　啊，你来了。欢迎回来。好了，既然此刻我们已经站在相同的基础上，就让我们来讨论一个非常关键的问题：在本书的整部手稿中，"互联网"一词被引述了不多不少正好三次[⊖]。我究竟是如何彻底错过这场有史以来最壮观的龙卷风的？好吧，我只能说，这是一种天赋。

　　但是我得为自己辩护一句，本书手稿的完成日期是 1995 年 6 月，比网景公司（Navigator）发布 Navigator 1.0 早了整整 6 个月。在那个时候，人们当然已经预感到互联网将是"下一个大事件"，但是我个人完全没有预料到它会以多么迅猛、多么全面的方式发生。

　　截至本文撰写之时，已接近 1998 年年底，在美国的经济领域中已经没有任何区域未曾受到互联网的影响。另外，在国际上，由于电信行业是逐步放松管制的，因此对互联网的采用速度比美国要慢许多。尽管如此，用本书中的话来说，我们正在目睹一系列全球范围内的龙卷风，而我认为我们已经足够深入其中，可以为接下来可能发生的事情预测出一条轨迹。

　　首先来回顾一下我们已经取得了多大进步。在 1996 年和 1997 年，我们目睹了第一场互联网龙卷风，它主要集中在浏览器上。在这场竞争中，Netscape Navigator 浏览器就像一只刚出生的大猩猩，在超高速增长的市场中，市场份额飙升至 80% 以上。这一领先优势本应是不可逾越的，它本应使网景公司制度化、成为事实上的业界标准，赋予它巨无霸的地位，并为其股东带来长期收益，但后来发生了什么？

　　⊖　只包括特指互联网的引述，不包括"互联网软件"等合成词，且同一段落的引述作者只计算一次。——编者注

微软公司做出了卓越的战略回应，然后又以严苛的效率加以执行。其关键策略是克隆网景浏览器，而不是与之竞争。换言之，微软在面对危险的、来自大猩猩的威胁时，扮演了**猴子**，而不是**黑猩猩**。通过这样做，它得以与网景公司正在创造的市场进行协作。然而，仅仅做出克隆回应是不够的，因为网景公司仍然拥有大猩猩的权利——对未来发展标准施加影响力，就像英特尔公司利用这种权利来保持对 AMD 公司和美国国家半导体公司的领先地位。但是，在这里，网景公司的规划中出现了一个战略性缺陷：浏览器技术对于逆向工程而言并没有那么难去攻克。结果，微软在不到一年的时间里赶上了网景公司的领先地位，其 Internet Explorer 3.0 浏览器达到了同等水平。这样一来，微软就可以与其进行正面竞争，继续使用猴子战术，依靠价格优势赢得重大交易，此时价格仍是**免费**的。

与此同时，微软的深层战略开始浮出水面，它遵循以下路线。

（1）没有人能在大猩猩自己的地盘上打败它。

（2）网景公司的地盘必须叠加在我们的地盘即 Windows 操作系统上才能运作。

（3）我们不妨把浏览器整合到 Windows 操作系统中。

（4）通过消融大猩猩的地盘来击败大猩猩。

一旦该战略公开化，浏览器大战的游戏就结束了。每个人都看得出来，微软的手段是必胜无疑的，于是网景的股价可以说是一夜暴跌。

该事件导致的一个后果是，我们的社会已经开始就这一战略及其结果的影响展开了广泛辩论，这将迫使我们所有人重新思考我们对竞争、垄断、贸易限制、经济自由、资本主义、监管、政治和社会责任以及类似问题的理解。这些问题深深地交织在一起，非常复杂，没有任何一套单一的裁决可以一锤定音。相反，这种思考将是正在进行的文化调整的一部分，为的是适应从以资产为基础的经济向以信息为基础的经济的更大转变。但与此同时，互联网的超高速发展仍在持续，我们不能让它带来的机遇从我们的掌中溜走。

第二次互联网龙卷风于 1997 年全面爆发，截至本文撰写之时其势未衰，这就是互联网网站大爆发。浏览器龙卷风的杀手级应用是浏览本身，而这里的杀手级应用则是利用所有正在进行浏览的眼球，让它们都看着你。对于公司来说，网站已经成为一个必要的地址，一个用于发布公共信息的地方，一座通向主建筑物的接待厅（如果你愿意这样称呼它的话）。随着网站的影响力变得越来越明显，IT（信息技术）专业人员很快就顺应了网站的部署。他们认为，毫无疑问，变革的浪潮可以在这里被遏制住，让每个人都有时间冷静下来，更谨慎地应对未来的变革。

但事实并非如此。几乎是在一瞬间，企业内部用户就开始热衷于实践网络的初衷，即在相关工作组之间共享信息，而真正的网站大爆发就是在**内联网**的旗帜下发生的。在电子邮件的推动下，内联网现在已经成为所有高科技公司，以及银行和经纪公司等提供技术支持型服务的机构的首选内部信息通道。与这些领域多少有所关联的人，大多数已经感到被这一新生事物层层包围了，这就证明了这一部署的成功。

公共互联网龙卷风和内联网龙卷风都推动了对网络服务器和软件的

需求，更不用说互联网连接设备了，所有这些都推动了思科（Cisco）、太阳计算机系统公司（Sun）、微软和网景等基础设施供应商的崛起。与此同时，互联网也推动了电子邮件从莲花公司（Lotus）和微软的专营软件向简单通用型互联网电子邮件协议的转型。随着统一寻址的新纪元到来，电子邮件依靠自身实力，正成为一股龙卷风般的市场力量，极大地推动了流量的增长（遗憾的是，这在很大程度上归功于垃圾邮件），并在目录服务领域创造了一个全新的市场。

随着时间的推移，流量的巨大增长正在影响每个人的网络。各种公司组织试图摆脱这股洪流，转向诸如 Exodus 之类的寄存设施，或者是在诸如 MCI/Worldcom 或 GTE/BBN 之类的增值互联网服务提供商那里进行外包。这些机构的网络反过来又冲击了公共交换电话网络——我们的这一语音服务遗产已经被永远不肯挂断电话的用户压垮，这种现象对它而言就像一种流行病，无可救药。而这一切反过来正在激发更多的基础设施创新——外加巨大的并购和收购活动，因为语音交换和数据通信供应商正在寻求为这一新市场领域匹配系统。北电（NorTel）购买海湾网络公司似乎只是一场看似很宏大的游戏的开幕式罢了。

到目前为止，所有这些龙卷风活动几乎全部是由浏览、网络发布和电子邮件这三个杀手级信息共享应用驱动的。在市场演化的这一阶段，基础设施供应商是主要角逐者，其他高科技公司主要是充当新技术的务实型采用者们的第一个保龄球道。然而，随着 1998 年接近尾声，我们看到另外两个保龄球道正在出现：电信业以及金融服务业。在这两个领域中，杀手级应用分别是客户服务和电子金融交易。在这两种情况下，我们都看到了第二轮龙卷风的开始。这一轮龙卷风并非源自基础设施投资，而是源自应用程序设计投资。

互联网对客户服务的影响无疑是巨大的。在技术型企业中，互联网已经成为客户支持的第一站。结合电子邮件，在 Vantive、Clarify、Baan（Aurum）和 Siebel（Scopus）的客户服务应用程序的支持下，基于网络的支持系统已经在重新设计公司与业务合作伙伴的互动方式，与终端客户的互动也指日可待。而所有这一切又将成为客户关系管理和供应链管理领域一系列龙卷风的组成部分。在每一种情况下，我们所看到的都是将一种新的通信媒介嫁接到聚焦于外部的业务流程上——这是对所有后台自动化的补充，以便通过替换内部系统来为未来几年做准备。

随着应用程序供应商在互联网龙卷风的市场力量中被卷到空中，它们必须重新审视自己的基本战略假设。保龄球道策略在大多数情况下最适合大多数应用程序供应商。然而，在龙卷风的力量之下，市场份额的"疆土掠夺"策略收益最大。问题是，快速获取客户的做法从根本上来说与复杂的业务流程重组相冲突，因此，应用程序公司在输给竞争对手和对宝贵客户服务不到位之间处于两难境地。然而，龙卷风市场营销的基本经验教训在这一方面非常明确：先战胜竞争对手，以后再向客户道歉。

在金融服务领域，除了种种客户关怀应用之外，我们还看到了商业交易处理——真正的电子商务的出现。因此，在线投资组合管理（一种客户服务）正与在线股票交易（一种交易服务）相结合。堤坝的轻微决口预示着巨大的洪水即将到来。在历史上，已经开发了两种基础设施来支持传统的交易处理：一种是用于消费信用卡的惠尔丰（Verifone）网络，主要包括万事达卡（MasterCard）和维萨卡（Visa）；另一种是用于同一供应链中公司之间处理采购订单的 EDI 协议。这两者都将被即将到来的互联网浪潮所淹没和同化。每一类供应商都必须开始进行"创造性自我毁灭"，以便为了自己的未来进行有效的竞争。正如惠普公司员工喜欢说的那样，没有什么经营管理任务比"吃到自己的午餐"⊖更具挑战性。

然而，消费者电子商务目前正面临着一种售前挑战，即将"逛店购物"机制而非"购买"机制应用于网络。更具体地说，这是一个商品目录问题。对于风格迥异的零售商品来说，问题主要在于它们是否上镜——纸质目录代表了照片润色修饰的顶峰，远远超过了网络上可获得的低分辨率图像。此外，大多数零售客户通过拨号连接访问网络，这些连接的带宽有限，而且在未来的许多年内还会继续如此。最后，尽管互联网作为一种未来新机遇的来源很有吸引力，但它在零售业总流量中所占的比例很小。所有这些因素叠加在一起，使得在可预见的未来，对在线零售业的投资将是一种零散现象，而非普遍现象。

话虽如此，在这些迫切需求能够得到解决的情况下，市场占有率的争夺战正进行得如火如荼。这种努力的典型代表是亚马逊网站（Amazon.com），我们有必要看看有多少独一无二的特点促成了它惊人的成功。第一，正如许多人所指出的，图书是为数不多的不必在购买前以某种方式加以"试用"的零售商品之一，所以在逛网上书店时，购物并不会受到

⊖ 在生意场上，"吃别人的午餐"意为掠取竞争对手的市场份额。此处"吃到自己的午餐"指保住自己的市场份额。——译者注

很大影响。第二，商品目录问题已经由该行业现有的经销商解决了——商品目录必须加以转换，以便能够在线使用，但不必进行首次组装。第三，虽然**逛店购书者**会继续频繁地逛实体书店，但**图书买家**却更喜欢**不必**去书店购书这种便利。第四，那些不是从家中而是从工作场所以更高网速访问亚马逊网站的商务人士构成了特别强大的图书买家群体，因为高网速创造了一种对用户极为友好的交易方式。第五，购书并不要求购买者提供机密的个人信息，但对其他种类的商品交易而言，这么做则可能会构成挑战。第六，亚马逊网站融资经营的图书购买和销售，其库存、分销和退货系统从它创立之初就已经到位了。

现在，可以肯定的是，亚马逊网站在为在线世界重塑消费者购买体验方面做得十分出色，使其网站成为其他寻求开展电子商务者的"必游之地"。但是其他公司需要仔细审视自己的完整产品，以确保其也能实现转型。

另一种阻碍电子商务获得采用的小挑战出在企业间电子商务（B2B）方面。在这里，受到挑战的是现有的前端企业系统，它用于客户注册、订单管理、信用核查、存货保管、物流管理以及结账和收款。对于使用简单集成功能包的公司来说，这主要是关于接口和安全性的挑战。但对于包含了多个异构系统的公司而言，这就是一个重大障碍。因为这种体系过于错综复杂，难以进行改造更新，对于初始阶段和长期维护而言都是如此。这就预示着，终有一天，随着全世界都将客户机/服务器基础设施置换成由网络支持的基础设施，又一场龙卷风必将来临。

因此，如果互联网商务被推迟了很长一段时间，我们就可以预期它的所有扩展用途也会被推迟，其中有许多都是围绕着"一对一"营销的承诺构建的。虽然这一假设很引人入胜，但它只能一直处于休眠状态，直到订单交易流获得互联网的完全支持。

与此同时，电子商务市场的增长点和焦点正在从产品供应商转向服务提供商。前者在基础设施龙卷风中获利颇丰，后者则在即将到来的应用阶段占据上风。服务提供商有两个基本类别，一个是专业服务——最典型的是专注于建立新系统的咨询公司，另一个是交易服务——最典型的是专注于利用新系统让终端客户获益的网站。前者应被视为**向技术提供支持**的服务，后者则应被视为**由技术提供支持**的服务。

在迈向信息经济的构造转变中，对由互联网支持的供应商的需求严重积压，而能解决积压问题的人才库却非常稀缺。因此，专业服务公司过去的估值是收入的一倍，现在的估值则是收入的五六倍。估值上的这种变化使那些未能推出令人信服的新**产品**的老龄化公司得以将自己重新定义为能提供令人信服的新**服务**的咨询公司。只要广泛的需求继续与固有的复杂性相结合，这一领域的需求实际上将是无限的，并且，就像在所有龙卷风中那样，竞争中的赢家将是那些最善于为供应融资的人。

任何基础设施一旦完成充分部署，权力就从构建者，即专业服务公司那里转移到运营商手中，现在我们又称之为**交易服务**公司。交易服务模式的关键是，所需的基础设施已经被同化（保持较低的支持成本）并摊还（尽量减少持续投资）。遗憾的是，就互联网的当前状态而言，这两个条件都远远没有满足。因此，交易服务公司目前的经营状况很糟糕，赤字惊人，所有公司都被迫以某种庞氏骗局的形式筹集资金，期望在融资能力耗尽之前出现稳固局面，让它们重获新生。世界经济的衰退会使这类融资机制面临严重风险，而眼下世界经济正面临着衰退的威胁，投资者将需要依靠钢铁意志度过未来的几年。话虽如此，在基础设施已经稳定（至少目前如此）的地方，人们可以发现一些当今高科技领域最有价值的公司——雅虎（Yahoo!）、美国在线（America Online）和亚马逊网站是其中最引人注目的。

　　尽管如此，最佳交易收入点还是在"主街"[⊖]。这是一个核心技术已经被商品化的时期，公司之间的差异是基于其所能推出产品的多样性和客户适合性。有了这一认识，我们最后可以总结出以下发现。

- 在技术采用生命周期的每一个阶段，都有一个最佳商业模式。
  ——早期市场：专业服务。
  ——保龄球道：应用产品。
  ——龙卷风：基础设施产品。
  ——主街：交易服务。
- 然而，互联网市场龙卷风威力巨大，已将四种模式全部卷入其旋涡之中。
- 因此，每一种模式都需要与龙卷风达成和平共处方案。事实上，由于在最大的龙卷风中还存在多场小龙卷风，因此每一种模式还需要与每一场小龙卷风都达成和平共处方案。

　　鉴于上述情况，我们鸿沟咨询公司（该公司传统上一直以产品公司

　　⊖ "主街"指普通大众，尤其是美国中产阶级。——译者注

为目标）的咨询业务已无法继续保持先前的关注点。产品、服务互换已经变得非常重要，成为在受互联网影响的领域中前行的基本要素，所以，每一家公司都需要保持一定的灵活性，以便去"走另一条路"。这代表了《龙卷风暴》成书以来唯一最大的视角变化。而且，由于我当年不具备这种视角，所以我请求你，读者，现在就带上它吧。

在此，祝你在闯荡世界、开创新经济之时一切顺利！

上 卷

超高速增长市场的发展

INSIDE
THE TORNADO

第一章　魔法师的国度

在《绿野仙踪》[⊖]一书的开始，多萝西和托托被一股龙卷风卷起来，从此离开了平凡无奇的堪萨斯州，来到神奇的奥兹国。这种一步登天的奇迹也不时在我们的证券交易所上演。

请思考以下事实。

- **康柏电脑**（Compaq Computers）近年来已超过国际商业机器公司（IBM），成为基于英特尔的个人电脑市场的领头羊，在不到 5 年时间内，实现了从 0 到 10 亿美元的增长。

- **康诺外围设备公司**（Conner Peripherals）也是如此。这家磁盘驱动器存储公司通过向康柏及康柏的竞争对手们提供低成本的温切

⊖　*The Wizard of Oz*，又译为《奥兹国的魔法师》，是美国作家莱曼·弗兰克·鲍姆（Lyman Frank Baum）的代表作。——译者注

斯特（Winchester）硬盘驱动器，搭上了康柏超高速增长的顺风车。

- 在 1977～1982 年的 6 年时间里，**雅达利公司**（Atari）的家庭游戏业务实现了每年翻一番，公司收入从 5000 万美元增至 16 亿美元。

- 20 世纪 80 年代中期，**明导国际公司**（Mentor Graphics）实现连年增长，公司收入从 200 万美元到 2500 万美元，到 8500 万美元，到 1.35 亿美元，再到 2 亿美元。

- 在 20 世纪 80 年代的**整个 10 年**中，**甲骨文公司**（Oracle Corporation）的年复合增长率为 100%。

- 最近，**思科系统公司**（Cisco Systems）和**海湾网络公司**（Bay Networks）横空出世，成为价值数十亿美元的公司，它们分别是网络路由器和网络集线器市场的领导者，而几年前我们甚至都不知道路由器和集线器是什么。

- 在 1992 年之前的 7 年时间里，**索尼公司**售出了它最初的 1000 万台多媒体光盘（CD-ROM）播放器，但接下来的 1000 万台则是在接下来的 **7 个月**内售出的，再接下来的 1000 万台则是在之后的 5 个月内售出的。

- **惠普公司**的个人电脑打印机业务在 1994 年已撑起这家价值 100 亿美元的企业，但是它的第一款产品却是在不到 10 年前售出的。

- 最后，**微软公司**在不到 15 年的时间里从一家专攻初学者通用符号指令代码（BASIC）的精品语言软件公司成长为世界上最富有、最强大的软件公司。

这就是**非连续性创新**所产生的市场力量，最近这又被称为"**范式转移**"（paradigm shift）。这种转移始于一种新产品类别的出现，该类产品采用突破性技术，带来了前所未有的好处，所以立即被建议作为一整类基础设施的天然替代品，不仅赢得了早期拥趸，还激发了对新世界秩序的热情预测。但市场本身是一种保守的体制，它会抵制新的变化，宁愿保持现状。在很长一段时间里，尽管关于新范式的文章层出不穷，但几乎都不具有经济学上的意义。事实上，有的创新从不曾被市场接受，又跌回原始的混沌创业状态，比如说20世纪80年代的人工智能和90年代初的笔式计算。但在众多其他案例中，当整个市场在不断加剧的性价比失衡的压力下抛弃旧体制、转向新体制时，就会出现一个变化闪点。

这一系列事件会引发市场的需求旋涡。基础设施要想发挥作用，就必须实现标准化和全局化。因此，一旦市场开始以旧换新，它就需要尽快完成这一转变。所有曾被压抑的对该产品的兴趣都会转化为一场大规模采购狂潮，导致需求远远大于供应。于是，公司会发生超高速增长，数十亿美元的收入似乎从天而降。

我们在生活中目睹这种情况一再发生。以通信业为例。在满足于信件、电报和电话的大半个世纪之后，我们在过去的30年里采用了按键电话、直拨长途电话、联邦快递、电话答录机、传真机、语音邮件、电子邮件以及现在的互联网地址。在每一种情况下，在应用量达到一定水平之前，我们并不真的需要进行转变。可一旦达到了那个量，不参与其中就变得不可接受了。作为市场成员，我们的行为方式始终如一：我们成群结队地行动，我们不断地兜圈子，然后，突然之间，我们开始狂奔。

龙卷风就是这样形成的。

在过去的 25 年里，没有哪个领域比计算机和电子行业更经常遭遇龙卷风。在商业计算领域，龙卷风始于 IBM 大型计算机的普及，后者赢得了全世界的支持，成为第一个主要的计算机基础设施标准。接着，在自 20 世纪 70 年代末开始的不到 10 年时间里，出现了三种新架构来挑战并取代这种范式：微型计算机、个人计算机以及技术工作站，我们也看到了一类全新的公司出现，其中包括美国数字设备公司（DEC）、惠普、太阳计算机系统公司、阿波罗国际公司（Apollo）、康柏、英特尔和微软。结合这三种架构，通信网络范式发生了转移，从大型机中枢计算所采用的集中式轴辐网络转向了通过广域网互相连接的分散式局域网世界，3-Com、诺威尔（Novell）、思科和海湾网络等公司也应运而生。伴随着这两次转移同时发生的，是几乎所有的软件——从底层操作系统到数据库，再到应用程序及构建它们的工具——都被推翻或重新设计，而且在大多数情况下还不止一次，这就使诸如甲骨文、赛贝斯、莲花（Lotus）、安信达（Ashton-Tate）和 WordPerfect 这样的公司进入了我们的视野。

但是在同一时期，我们仍然从通用汽车、福特和克莱斯勒公司那里购买大部分汽车；我们乘坐联合航空、美国航空等航空公司的飞机；我们喝可口可乐、百事可乐或者"胡椒博士"等饮料。换言之，全新的行业正在一些领域横空出世，从早期的未知状态中诞生了大批市场领导者，但与此同时，另一些领域则在继续沿着相对熟悉的道路前进——**因为它们并没有在基础设施范式中引入非连续性**。你今天开的车和 40 年前人们开的车并没有实质性区别，航空运输和软饮料也是如此。相形之下，高科技公司坚持反复更换其所有基础设施，这种做法的代价异常高昂，已经有不止一家公司质疑过这种行为背后的总体理由。但是，在实际运作中存在着一种驱动力，让人们几乎别无选择。所有计算都是建立在半导体集成电路的基础之上的，这种集成电路具有一种显著特性，即其性价比的大幅增长远远快于我们经济史上的任何其他事物。在20世纪70年代，其性价比已经达到惊人的每10年提高一个数量级。到了20世纪80年代，变成了每7年提高一个数量级。在20世纪90年代中期，这一时间缩短到了3年半。到20世纪90年代末，基于微处理器的系统性能每2.5年提高10倍。这种增长趋势目前尚看不到尽头。

这一现象对高科技领域的每一个行业都产生了极其破坏其稳定性的影响。所有高科技产品最终都是通过软件获取价值的，而在任何时间点编写的软件都必须在当前或即将发布的硬件的性能限制下工作。但仅仅过了短短几年时间，另一种拥有数量级额外性能的硬件就出现了，使原先那些对设计的限制条件不复存在。根据具有新性能的硬件设计的新产品所包含的软件直接淘汰了旧的参照点。它们的新能力转化为一种竞争优势，几乎可以触动任何企业客户，这包括更有效的沟通方式、更快的上市时间、更高的交易处理效率、对客户的更深理解以及更早察觉各种趋势的能力。无论你想要什么，如今似乎都触手可及。

可以肯定的是，目前依然能通过旧范式获得成功的人没有谁真正想做出改变。所有人都同意，对高科技产品的循环和再利用已经做得太多了，如果我们能抽出一点时间喘口气，日子会更好过些。但一直以来，半导体引擎都在我们的脚下隆隆作响，一旦它抵达某个点，性能急剧提升所带来的吸引力就会完全战胜不愿意做出改变的倾向，于是，尽管所有人都有着良好的意愿，但是另一场龙卷风已经上路了。

每一次这样的变化都会导致大量新的支出流涌现，就好像我们必须一次又一次地建起然后再摧毁我们的城市一样。这些新的资本池反过来又创造了世界上最激烈的经济竞争，部分原因在于胜负较量被压缩在如此短的时间段内。而在每一次革命中，似乎都不是守旧派，而是一批全新的玩家大获全胜，他们会重新划定高科技市场的界限，并重新调整主导该市场的权力结构。

我们已经不在堪萨斯州了

以任何人的标准来看，这都是一门遵循一套全新规则的生意。就其好的一面而言，除了风险资本家的胃口之外，它可以满足任何人的贪欲。与此同时，我们也应该指出，这个故事也有其阴暗面。它就像一条信息高速公路，沿途充斥着破产公司、大规模裁员现象、废弃建筑物、过时产品、损失惨重的客户以及暴躁的投资者。我们所到之处并非安乐街，而更像墓碑镇或道奇城，是金钱和权力迅速易手的所在，做生意的首要原则就是不要落到命丧靴丘的下场。[⊖]

考虑到上述情况，考虑到激变和灾难的影响，再考虑到世界上财富

⊖ "安乐街""墓碑镇""道奇城"皆源自同名美国电影，安乐街指治安良好之地，墓碑镇和道奇城皆为西部片中弱肉强食、法治崩坏之地。靴丘（Boot Hill）是美国荒蛮西部的坟区。——译者注

的分配和再分配正受到高科技市场中正在发生的一切的深刻影响，我们必须更好地理解这些龙卷风的驱动力是如何运作的。

对于那些在高科技行业工作或是对高科技领域进行投资管理的人而言，这一迫切要求意味着以下一系列看似简单的问题。

- 在龙卷风期间，如何才能最好地利用我们的机会？
- 如何判断龙卷风即将来临？我们应该做些什么准备？
- 如何感知龙卷风即将结束？届时又该如何应对？
- 最后，展望未来，我们该如何重新界定我们的战略管理概念，以便在总体上更好地适应龙卷风市场的动态机制？

本书的目的就是较为细致地回答上述问题，并特别从高科技领域目前的发展情况中选取案例，构成探讨问题的语境。

与此同时，在高科技领域之外还有另一类高管，他们也可以通过深入研究这些问题获益，他们在**变化迅速**的行业中工作，而在这些行业中，非连续性力量正在推动类似的基础设施再造工作，这些行业包括以下几种。

- **金融服务**。正如金融市场以最严酷的方式所了解到的那样，投机衍生品和其他奇异金融工具是一种高度不连续的创新。
- **保险**。一方面竞争对手正在用创新性金融替代品夺走他们的客户，另一方面监管者在保费和盈利能力方面对他们穷追不舍，再加上他们的销售手段一直在法庭上受到攻击，所以重组已成为当今的潮流。

- **医疗保健**。这里的情况是**按人头摊派费用**，即将报销限制在医疗流程的固定费用上，从而创造了医疗保健服务提供者的新目标——避免斩首式亏本。

- **航空航天和国防**。冷战后的裁员，加上对国防战略的广泛重新定义，正迫使这个领域改造重组一些旧业务，并将其他业务转移到商业领域——这些变化非常不连续。

- **公用事业**。20世纪80年代放松管制对航空公司所造成的影响，正是电力公司在90年代即将面对的，这将同时创造出机遇龙卷风和破坏性龙卷风。

- **制药**。由于收入受到按人头摊派费用制度的影响，再加上新产品要依赖于一个非连续性的创新来源，即生物技术，所以这个行业正在经历巨大变化。

- **零售**。整个电子后台基础设施的出现以前所未有的方式融合了零售供应链的各个环节，推动了这些关系的重组，并为分析市场行为提供了巨大的数据源。

- **出版**。在过去，这是指把文字放到纸上。毋庸赘言。

- **广播**。广播、电话、计算机软件、出版和娱乐业之间的界限已经全部瓦解，形成一个充满了图像的数字池，它将在未来10年内改写该行业的规则。

由于本书所援引的案例主要来自我本人和我的同事们的咨询实践，

所以这些案例偏重高科技行业。然而，从事上述行业的读者会发现对这些案例所体现的模式很熟悉，我希望你能从中获得一些见解，把它们转化为新的方法，去解决你所在行业的问题。换言之，高科技行业不仅可以被视为一个有着自身利益的部门，而且可以被视为一个大熔炉，一类全新的商业战略正在其中诞生。

奥兹国地图

本书旨在为新形势绘制一幅地图，然后探讨新形势对制定商业战略的影响。这张地图建立在"技术采用生命周期"模型之上，这是大约40年前由埃弗里特·罗杰斯（Everett Rogers）及其同事们引介的一个市场开发模型，它描述了任何群体吸收非连续变化的方式。我们将在这一模型的框架内区分并命名生命周期中的六个不同区域或阶段，即市场力量推动公司大幅改变战略或是被淘汰的拐点。

前两个阶段是我上一本书——《跨越鸿沟》的主题。为了方便读者阅读，我将在第二章中概述该书内容以及生命周期模型的一般基础知识。这些介绍足以让新读者跟上我们的步伐，因为他们的主要关注点是跨越鸿沟之后的市场发展情况。如果读者的兴趣点在生命周期的早期阶段，那就应该去阅读上一本书。

第二章结束后，本书将重点探讨技术采用生命周期接下来的三个阶段，即创造了所有高科技财富的主流市场阶段。在努力揭示每个阶段中影响市场发展的力量并展示公司应该如何与这些力量保持一致以赢得市场领导地位时，我们将看到以下一种令人不安的模式反复出现。

获胜的策略并不会随着我们从一个阶段进入下一个阶段，事实上，它会逆转先前的策略。

也就是说，正是那些让一家公司在主流市场的起步阶段取得成功的行为，将导致它在龙卷风中惨遭失败，所以这些行为必须被抛弃。同样，一旦超高速增长阶段过去了，那么让公司在龙卷风中获得成功的因素就将导致失败，也必须被抛弃。换言之，值得我们注意的不仅仅是战略本身，我们还需要相继放弃每一种战略**并采取与之相反的战略**，要做到这些是非常困难的。

当我们开始理解这些逆转行为的逻辑时，许多传统上笼罩在高科技营销上的困惑就可以被消除了。长期以来，人们一直**觉得**这样或那样的策略要么一直行得通，要么永远行不通。他们之所以会认定这一点，是因为他们在之前的某次任务中亲眼看见了这一点，于是会让先前的经历影响到他们对当前形势的判断。然而，事实却是，几乎所有成熟的战略模型都是在某些情况下非常奏效，在另一些情况下则导致失败。因此，真正的技能不是了解战略本身，而是弄清楚战略的实际适用情况。

在上卷结束时，我们将努力解决这些问题。接着，在下卷中，我们将重点分析业务战略的四个主要领域，这些领域深受技术采用生命周期力量的影响。

- 战略合作伙伴关系
- 竞争优势
- 定位
- 组织领导力

这些领域有一个共同关注点，即权力的分配。本书下卷的主题是，在整个生命周期中，市场权力的性质和中心会以独特的方式发生转换和演变。

在**战略合作伙伴关系**领域，我们将追踪在整个生命周期内权力是如何从服务提供商那里转移到产品供应商那里，然后再回归的，这种循环会如何影响伙伴公司之间的关系，以及这一切对战略的形成有何影响。在**竞争优势**领域，我们将探讨领导者、挑战者和追随者之间的互动，展示在主流市场依次经历其发展阶段时他们分别如何享受一段优势期，从而揭示什么时候应该大胆前进，什么时候应该退守阵地并节约资源。上述的一切继而将影响我们对于**定位**的看法，定位与其说是一种客户沟通方面的练习，不如说是一套仪式性行为，通过这些行为，我们可以在任何特定时刻，在统治市场的权力关系等级中维护我们应有的地位。

在这整个过程中，我们将看到充满宝贵智慧的企业策略在生命周期的某个阶段得到肯定，但在下一个阶段却被推翻，迫使我们随着既有产品线的成熟和新产品线的出现不断地改变战略重点。事实上，由于任何规模的多部门组织都可能在生命周期的许多阶段——如果不是所有阶段——同时部署产品，因此最高管理层必须学会接受和支持相互矛盾的营销原则，甚至是在同一次会议上！这显然不是那种固守一种行事方式的人可以玩的游戏，而这又将引导我们进入最后一个话题：**组织领导力**。

生命周期所固有的对于频繁而戏剧性变化的需求会给个人和公司带来令人痛苦的混乱局面。坦白地说，我们中很少有人能成功应对。在这本书的结尾我们将看到，解决这个问题没有简单的方法。然而，能用一种清晰的方式来陈述挑战，能有一个词汇表供执行团队在直面形势、评估彼此优劣势并尽最大努力在正确的时间将权力交到正确的人手中时使用，确实能改善境况。因为我们将发现，走出这种境况的方法就在于能够认识到，作为个人我们或许没有能力完成的事情，作为团队我们却可能完成。

总而言之，《龙卷风暴》是一本从高科技行业的特殊商业经验中诞生的书，而且，和很多美国人所撰写的书一样，它也采取了一种明显以美国为中心的视角。然而，与此同时，它所讲述的经验教训远远超出了任何一个行业或任何一个国家的边界。在过去的几年里，我的全球旅行见闻告诉我，技术采用生命周期是一种普遍现象，而在高科技市场中如此显著的运作力量同样也在影响着我们生活中的其他领域，或许只是方式更为微妙些。所以，本着这种理念，无论你所在的是高科技领域还是仅仅是高变化领域，我都邀请你阅读接下来的章节。

第二章　跨越鸿沟：鸿沟的另一端

当代几乎所有关于高科技市场营销策略的思考都源于技术采用生命周期，该模型起源于 20 世纪 50 年代末开始的关于社区应如何应对非连续性创新的社会学研究。

真正的非连续性创新是指要求终端用户和市场大幅度改变其过去行为模式的新产品或新服务，因为它们能带来获得同样大幅度新收益的希望。在应用于市场营销时，技术采用生命周期模型假设，当市场面临着向某种新的基础设施范式进行转移的机遇时，比如说从打字机到文字处理器的转换，客户会沿着一条风险规避轴心进行自动分离，其中那些不惧风险的**创新者**会走到最前沿，请求甚至是坚决要求成为尝试新机遇的第一人，而对风险敏感的**落伍者**则会撤退到后方（他们手中还牢牢握着鹅毛笔）。在这两者之间，该模型还确定了另外三个人群——**早期采用**

者、**早期多数派**和**晚期多数派**。

该模型可用钟形曲线进行示意，如图 2-1 所示。

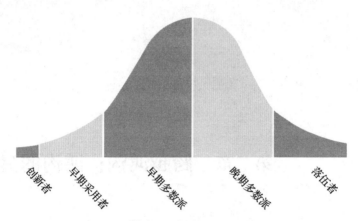

创新者　早期采用者　早期多数派　晚期多数派　落伍者

图 2-1　技术采用生命周期

钟形曲线中的每一个细分市场都代表与标准值的一个标准差。因此，早期和晚期多数派都与标准值有一个标准差，每个人群约占总人口的三分之一，而早期采用者和落伍者与标准值有两个标准差，创新者则与标准值有三个标准差。这个模型的理念是，变化将从左到右发生，每一个人群都将依次出现在最前沿。

在遇到这一模型之前，高科技市场营销人员非常无助。我们大多数人都是在一个将宝洁公司（Procter & Gamble）作为优秀营销参照范本的商业环境中成长起来的。但是在试图将这家公司的方法应用于高科技领域时，我们苦苦挣扎，困难重重。特别是，该公司的营销沟通工具完全不起作用。而每当我们向别人寻求建议时，他们总是责怪我们把信息写得太长、太复杂，而且——好吧，太书呆子气。当技术采用生命周期理论出现时，我们十分高兴，因为它有助于解释为什么我们的沟通在一些客户那里得到了热情回应，而另一些客户却反应冷淡。

为了使这一模型真正为我们所用，我们按照以下方式对五个群体分别进行了重新标记。

（1）**创新者**=**"技术爱好者"**。这些人坚决支持新技术，他们认为，新技术迟早会改善我们的生活。此外，他们乐于掌握新技术的复杂性，喜欢摆弄新技术产品，喜欢亲身体验最新和最棒的创新。因此，他们通常是每一种真正全新产品的第一批客户。

几乎所有组织都支持技术爱好者。在你自己家里，很可能有一个人，并且只有一个人，会设置电话答录机程序，在录像机上设定时钟，并弄清楚咖啡机的使用方法。办公室里也是如此。当你的电脑无法正常工作时，你会去找谁？你找的那个人就是办公室里的技术爱好者。

从市场营销的角度看，特别是在 B2B 的销售中，技术人员的缺点其实只有一个：他们没有钱。但是他们拥有影响力。我们之所以花这么多时间和他们在一起，原因就在于他们是生命周期其余领域的守门人。如果他们严厉地批评某个新产品，那么就没有人会再去看那个产品一眼。只有获得了他们的背书，一个非连续性创新才能得到一次展示的机会，因此我们经常在这个人群中"播种"（也就是"赠予"）产品，以获得他们的支持。

（2）早期采用者 = "意见领袖"。这些都是商界和政府中的真正革命者，他们希望利用任何创新的不连续特性与过去决裂并开创一个全新的未来。他们的期望是，通过率先利用新功能，他们可以获得巨大的、不可逾越的竞争优势，从而战胜旧秩序。

意见领袖对于高科技行业有着非同寻常的影响力，因为他们是第一批能够并且将会带来真正资金的群体。这样一来，他们至少为创业者提供了与风险投资界同样多的种子资金。而且，由于他们喜欢引人注目，因此他们也有助于宣传新的创新，为在早期市场取得成功提供必要的推动力。

但这一切都是要有所回报的。每一位意见领袖都会要求产品做出特别的修改，这些修改都是一些其他人绝对想不到的应用，而且这些要求很快就会开始过度消耗初创企业的研发资源。这迟早会迫使公司去寻找另一类客户，这类客户只想要所有人都想要的东西，他们被称为务实主义者。

综合起来看，技术爱好者和意见领袖构成了**早期市场**。尽管个人动机迥然不同，但是他们被渴望成为"第一人"的相同愿望团结在一起：技术爱好者渴望**探索**新功能，意见领袖渴望**利用**新功能。在技术采用生命周期中，再没有其他人对成为第一人感兴趣了，从接下来的介绍中就可以看出来。

（3）早期多数派 = "**务实主义者**"。这些人的采购在所有技术基础设施采购中占据了大部分。他们并不因为技术本身而喜欢技术，所以他们与技术爱好者不同。不过，他们会谨慎地雇用技术爱好者。此外，他们信仰进化而非革命，因此他们也不是意见领袖——事实上，他们会回避意见领袖。他们的兴趣在于让公司系统有效地运行，因此，他们对技术持中立态度，并且只有在看到有效提高生产力的确凿业绩记录（包括来自他们所信任的人的强力推荐）之后才会采用创新。

务实主义者是最有可能负责公司关键任务系统的人。他们知道这一基础设施只处于一种临界稳定状态，他们会小心地保护它免受新的入侵。因此，当需要他们为向新范式转移承担经济责任时，他们将是很难攻破的堡垒。

当他们终于要做出转变时，务实主义者倾向于从市场领导者那里进行购买，原因有二。首先，市场上的所有其他人都在让自己的产品与市场领导者的产品配套，所以虽然市场领导者的产品可能不是最好的，但基于它构建的系统却将是最可靠的。其次，市场领导者吸引了众多第三方公司进入其售后市场，因此即使市场领导者对客户的要求没有反应，整个市场也会做出反应。所以，务实主义者确信，市场领先供应商的客户能从市场中获得更高的整体价值。

（4）**晚期多数派＝"保守主义者"**。这些客户对自己从技术投资中获得价值的能力持悲观态度，并且只会在迫不得已的情况下进行投资——这通常是因为除此之外，仅剩的选择就是让自己被全世界彻底遗忘。他们对价格非常敏感，持高度怀疑的态度，而且要求很高。他们的要求很少会得到满足，部分原因是他们不愿意为任何额外的服务付费，所有这些都只会再次印证他们对高科技的悲观看法。

尽管如此，保守主义者仍然代表着高科技产品在很大程度上尚未开发的机会，他们可能会演变成一大群新客户。如果处理得当，他们也可以被带入市场，尽管这给选择为他们服务的供应商带来了巨大挑战。在他们那里赢得业务和利润的关键是将系统进行简化和商品化，使之达到恰好能奏效的程度。换言之，保守主义者乐于购买几十种世界上最先进的微处理器，只要它们被深深植入宝马车内。

（5）**落伍者 = "怀疑论者"**。这些人是攻击高科技的牛虻，他们乐于挑战高科技营销的炒作和浮夸。与其说他们是潜在客户，不如说他们是无处不在的批评者。因此，高科技营销的目标不是向他们销售产品，而是绕过他们销售产品。

将这五个人群联系在一起，就构成了技术采用生命周期。通过从一个人群推进到另一个人群来发展市场，该理念为 20 世纪 80 年代的高科技营销战略提供了基础。理想的推进过程如下。

- 首先，向**技术爱好者**赠送新产品，这样他们可以帮助你教育**意见领袖**。
- 一旦你引起了**意见领袖**的兴趣，尽一切努力让他们成为满意的客户，这样他们就可以成为**务实主义者**的良好参考。

- 通过为**务实主义者**服务获得大部分收入，理想的做法是成为市场领导者并设定事实上的行业标准。
- 利用在**务实主义者**那里取得的成功获取足够的销售额和经验，使产品变得足够可靠和便宜，足以满足**保守主义者**的需要。
- 至于**怀疑论者**，让他们自己去做决定。

引入鸿沟

遗憾的是，尽管这一策略在理论上看起来很有逻辑性和吸引力，但在实际操作中却不常奏效。具体地说，每当公司想从意见领袖推进到务实主义者那里时，它们都会遇到重重困难。问题就在于，这两个群体虽然在技术采用生命周期中毗邻，但是在潜在价值观方面却存在着天壤之别，使得两者之间几乎不可能进行沟通，具体如表 2-1 所示。

表　2-1

意见领袖	务实主义者
直觉型	分析型
支持革命	支持进化
逆反	顺从
桀骜不驯	随大溜
自行其是	与同事磋商
冒险	管理风险
以未来的机会为动力	以当前的问题为动力
追求有可能实现的目标	追求很可能实现的目标

也许概括这两者之间差异最简单的方法就是对比他们使用"我看见"这个短语的方式。当意见领袖说"我看见"时，他们会**闭上眼睛**。意见领袖就是这样"**看**"的。但是，务实主义者喜欢睁大眼睛去看。他们不信任意见领袖正如他们不信任那些想用"原力"[⊖]导航的人，理由是一样的。

简言之，意见领袖认为务实主义者是平庸的，而务实主义者则认为意见领袖是危险的。结果就是，意见领袖那些高度创新——且不说不切实际——的项目无法为务实主义者提供良好的参照，因此，市场发展不仅没有顺利跨过过渡期，反而陷入停顿。遗憾的是，当高科技公司已经在市场上走了这么远时，它们的财务杠杆已经非常高了，以至于任何一次打嗝（而这种停顿往往更像百日咳）都会让它们陷入困境——或者，按照我们的话来说，**跌入鸿沟**（见图 2-2）。

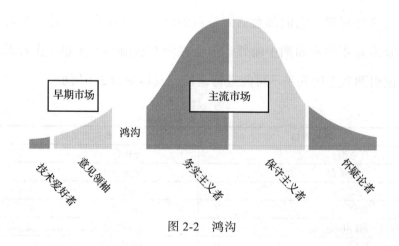

图 2-2　鸿沟

⊖　"原力"（the force）的概念来自美国系列科幻电影《星球大战》，指生物创造的能量场，是一种超自然的神秘力量。——译者注

鸿沟的概念很简单，即每当真正有创意的高科技产品刚刚上市时，最初总会在由技术爱好者和意见领袖组成的早期市场受到热烈欢迎，但随后它们就会跌入一个鸿沟。在这个鸿沟中，产品的销量会下滑，而且往往是暴跌。如果产品能够成功跨越这一鸿沟，它们就会得到由务实主义者和保守主义者主导的**主流市场**的接受。由于对产品导向型企业而言，几乎所有高科技产品创造的财富都来自市场发展的这第三个阶段，因此跨越鸿沟就成了组织层面的当务之急。

遗憾的是，很少有创新产品能真正跨越鸿沟。相反，投资者会被早期市场的接受度冲昏头脑，变得心浮气躁，想立即就看到它过渡到一个高增长、高利润率的主流市场。毕竟，这正是生命周期模型所预测的。结果他们却遭遇了鸿沟。这时他们就认为，不管怎么说，这是管理层的错。而在试图纠正这些错误的过程中，他们的做法往往会导致公司运营不稳定，以至于再也无法恢复元气。

幸运的是，随着鸿沟理念的流行，这一切都开始改变。

跨越鸿沟

成功"跨越"的基本策略是基于一项单一观察所得的：早期市场的意见领袖和主流市场的务实主义者的主要区别在于前者愿意把赌注压在"即将来临"的事物上，而后者则希望在购买之前看到"已投产"的解决方案。也就是说，当一个意见领袖看到对于他的问题你能提供80%的解决方案时，他会说："太好了，我们现在就开始把另外 20% 的解决方案也完善起来吧。"而务实主义者则会说："等等，提高**我的**工作效率不应该是**你的**工作吗？"具体说来，比起其他的一切，务实主义者最想要的是对他们的问题给出 100% 的解决方案，我们称之为"**完整产品**"。

完整产品的概念已经存在很长一段时间，它最初是由哈佛大学的西奥多·莱维特[⊖]（Theodore Levitt）推广的，随后又通过比尔·戴维多（Bill Davidow）的《营销高科技》（*Marketing High Technology*）一书在硅谷获得了大量曝光。然而，在鸿沟的语境中，它获得了一种彻底简化的含义。基本上，完整产品被定义为**确保能够让目标客户找到令人信服的购买理由所必需的最低限度的产品和服务**。从这个角度看，我们发现高科技公司正在延长自己在鸿沟中的停留时间，因为它们无法或不愿意致力于完善任何特定的产品，使其达到这种完成水平。

相反，以下才是会发生的事情：这家高科技企业发现自己身陷鸿沟之中，意识到客户需要的不仅仅是光秃秃的产品本身，于是会着手解决这一问题。然而，管理层不会只关注单一目标客户，他们始终不愿把所有的鸡蛋放在一个篮子里。相反，他们会以 4～5 个可能的候选细分市场为目标，集中关注最先火起来的那个机会。

做出这一决定之后，公司会对每个目标细分市场的重要客户展开一轮客户访问，在此期间会精心提取和记录关于客户各种需求的"愿望清单"。然后，由营销和工程经理组成的产品营销委员会对这些清单进行审查，从中提取共同主题，即需求最广泛的增强功能。这些是定义下一个

⊖ 西奥多·莱维特代表作《营销想象力》已由机械工业出版社出版。——编者注

发布版本的"掘金点"或关键需求。就这样，当下一个版本问世时，它会忠实地遵循设计者的本意为每个人都提供某样东西。

但遗憾的是，它没有为任何人提供他们所需要的"一切东西"。也就是说，没有任何人群能够获得100%满足其全部需求的产品。公司没有完成任何一位客户的全部清单，**可这正是务实主义者在购买前所坚持的要求**。于是，务实主义者会拍着我们的肩膀赞扬我们的努力，但他们不会购买我们的产品。因此，在进行了一轮开发之后，公司继而需要获得又一轮融资，它赢得了一轮热烈的掌声，但遗憾的是，不是一轮销售佳绩。

直到此刻，我们中的一些人才产生了一种反直觉的同时也是很可怕的认识，那就是，**跨越鸿沟唯一的安全方法实际上就是把所有的鸡蛋都放在一个篮子里**。也就是说，成功战略的关键是在主流市场的细分市场中找到务实主义客户的某个单一滩头阵地，并加速为他们完成100%的完整产品。我们的目标是尽快在主流市场赢得一个利基市场立足点——这才是跨越鸿沟的真正意义所在。

一个案例

在我撰写《跨越鸿沟》时，所有的例子都取自那些或多或少在无意中跨越鸿沟的公司。也就是说，由于我们对这一过渡期没有一个明确的概念（尽管许多精明的投资者和执行官凭借直觉知道它的存在），因此很难制定明确的策略来顺利过关。然而，该书推出后，很多公司有机会将书中的理念纳入规划，并取得了很大成功，其中就有 Documentum 公司。

Documentum 公司经营的是文档管理软件业务，其高端系统最初是在施乐公司（Xerox）设计的。直到 1994 年，这家公司几乎还不为人知。20 世纪 90 年代初期，它一直在鸿沟里挣扎，年收入只有几百万美元。它每年都提出一个新的愿景，但没有什么产品可供展示。1994 年，它横空出世，从计算机辅助新药审批（CANDA）这一特定利基市场起步，成为制药行业占据压倒性主导地位的系统供应商。它是怎么做到的？

1993 年年底，在一系列管理层会议上，Documentum 的高管团队审阅了大约 80 个细分市场滩头阵地候选项。根据下列五个标准，他们将范围缩小到一个目标。

（1）目标客户的资金是否充足，我们的销售人员是否可以随时接触到他们？

（2）有令他们信服的购买理由吗？

（3）我们今天能否在合作伙伴的帮助下，提供一个完整产品来满足那个购买理由？

（4）是否不存在任何根深蒂固的竞争会妨碍我们公平地尝试这项业务？

（5）如果赢得了这个细分市场，我们能够利用它进入更多的细分市场吗？

就制药公司而言，毫无疑问，它们资金充足，而且这项应用的目标客户是随时可以接触到的，因为它是一个特殊部门，唯一的工作就是处理注册申报。所以它通过了第一关。

至于令人信服的购买理由，在一个典型的专利药品的生命周期内，其年平均收入为 4 亿美元。专利有效期为 17 年，但这一期限始于专利授予日，而非监管批准日。所以从获得专利的那一刻起，每延误一天都会让制药公司损失 100 万美元的收入机会。Documentum 的团队认为这个理由已经足够令人信服了。

真正的挑战在完整产品这一块儿。CANDA 文档集通常有 20 万～50 万页不等，有大量不同的来源，一些是计算机化的，还有许多则不是。Documentum 将其所有系统开发和完整产品营销的重点都放在整合这一套特定的、高度多样化的来源上。为此，Documentum 必须大量利用来自规模大得多的供应商的合作资源，如太阳计算机系统公司、甲骨文公司和 CSC（计算机科学公司）等。但根据从先达公司（Syntex）的一位意见领袖所资助的项目中获得的经验，公司可以看出这是可行的，因此该细分市场在这项考核中也过关了。

至于竞争，虽然其他竞争对手规模要大得多，技术接受度更高，用户群体更为稳固，但目前尚无人真正站出来应对整个 CANDA 挑战。Documentum 认为，通过努力，它将能够从根本上改变经济等式，并将这一事实传达给财务型买家。

最后，如果它赢得了在制药领域的 CANDA 应用，它可以很容易扩展到制药领域的其他部门，如制造和研发，以及其他美国食品药品监督管理局（FDA）监管下的行业，如医疗设备和食品加工。

这一切筹划的结果是什么？在短短一年时间里，从 1994 年第一季度获批开始，到 1994 年年底，在前 40 位目标客户中，Documentum 赢得了 30 位。在同一时间段内，与它最接近的对手只赢得了一位客户。它那一年的营收运转率增长了两倍，目标是再增长两倍。它是该领域无可置疑的市场领导者，这使它获得了远远超过其规模所应有的影响力。它永远也不会被逐出这个市场。事实上，从制药行业的角度来看，也不允许它倒闭。因此，它现在可以从一个强势位置上进军市场，并且有很强的市场扩张前景。这就是跨越鸿沟的力量。

这里要总结的关键点是在主流市场中获得第一个利基市场对于市场发展的强大影响。再举一个例子，考虑一下当今市场上寻呼机和带配套笔的个人掌上电脑（PDA）的现状差异。大多数人两者都不用。但如果你问别人：如果你带着寻呼机，你认为它会有用吗？大多数人会回答"是的"。而在被问到关于 PDA 的相同问题时，大多数人的回答是否定的。当被问及原因时，他们指出，他们看到某些领域的人在日常生活中一直要用到寻呼机——医生、局域网管理员和其他随时待命的人员，但他们不知道哪一个人群会在日常生活中一直使用 PDA。因此，他们更愿意考虑采用前者而不是后者。这是赢得滩头阵地背后的逻辑中的一个关键部分，即它不仅能为你赢得一些最直接的客户，也能使所有未来的客户更乐意买入。

鸿沟的另一端

《龙卷风暴》一书的重点是描绘鸿沟另一端的市场。它关注生命周期模型中接下来的三个阶段，如图 2-3 所示。

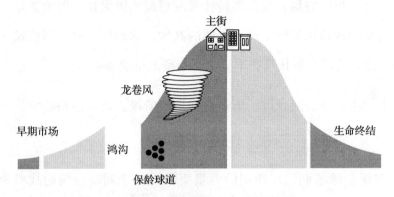

图 2-3　技术采用生命周期景观图

图 2-3 将生命周期划分为六个区域，其特征如下。

（1）**早期市场**，这是一个非常激动人心的时期，客户是技术爱好者和意见领袖，他们希望成为第一个加入新范式的人。

（2）**鸿沟**，这是一个令人极度绝望的时期，早期市场的兴趣在消退，而且主流市场仍对现有解决方案的不成熟感到不满。

（3）**保龄球道**，这是在一般市场出现前基于利基市场的采用期，由客户的强烈需求和供应商打造能满足利基市场特定需求的完整产品的意愿驱动。

（4）**龙卷风**，这是大众市场采用期，这时一般市场转向了新的基础设施范式。

（5）**主街**，这是售后市场发展期，此时基础设施已经部署完毕，现在的目标是充分发挥其潜力。

（6）**生命终结**，这在高科技领域可能来得太快，因为半导体引擎将性价比推到了闻所未闻的高度，从而使众多全新范式得以进入市场，取代那些本身也是刚刚入市的领导者。

本书的主题是，随着市场历经这些发展阶段，商业战略必须发生巨大变化，其论述要点如下。

- 在保龄球道期发挥作用的力量要求以基于利基市场的战略为基础，实行高度以客户为中心的运作方式（第三章）。
- 在龙卷风期发挥作用的力量则朝着相反的方向推进，要求采用大众市场战略，以便部署共同的标准基础设施（第四章）。
- 接着，在主街期，市场力量再次向以客户为中心的策略推进，重点是通过大规模定制对基础设施进行具体调整，以实现增值（第五章）。
- 鉴于这些战略上的巨大逆转，公司各组织必须能够就其市场在生命周期中的位置达成共识（第六章和上卷结尾部分）。
- 与此同时，龙卷风带来的经济灾难在非常迅速地瓦解和重建市场权力结构，以至于光是要了解谁是朋友、谁是敌人都构成了一种挑战（第七章）。

- 在这一新兴市场结构中，公司必须根据自身在其中的地位通过竞争形成优势（第八章）。

- 在这种情况下，公司的定位不仅包括在权力等级中占据其应有的地位，而且能抵御觊觎该地位的挑战者（第九章）。

- 最后，能从一种战略顺利转换到另一种战略是每一家公司的终极挑战，要求其管理团队能做出非常灵活的反应（第十章和下卷结尾部分）。

掌握了这些内容，再带上地图，我们就可以沿着我们的黄砖路⊖出发了。

⊖ 在《绿野仙踪》一书中，多萝西就是踏着黄砖路开始寻找魔法师的冒险之旅的。黄砖也被指具有金砖的含义。——译者注

第三章　在保龄球道里

多萝西要想到达奥兹国的绿宝石城，就必须经过许多陌生的地方。对高科技企业而言也是如此，它刚刚走出鸿沟，在滩头阵地站稳脚跟，现在又被邀请继续前行，进入——**保龄球道**吗？呃，是的，如果这有助于说明问题的话。

保龄球道代表了技术采用生命周期中的一个阶段，在该阶段，一种新产品被主流市场中的利基市场接受，但尚未获得普遍、广泛的采用。在保龄球道期，市场营销的目标是不断向龙卷风方向发展，借助从一个利基市场向另一个利基市场的发展势头前进。每一个利基市场都像一个保龄球瓶，它本身可以被击倒，但也可以帮助击倒一个或多个其他球瓶。市场竞争就像打保龄球一样，击倒的球瓶越多，分数就越高，所以本章旨在说明利基市场营销中采用的一种杠杆方法。

　　但为什么首先要关注利基市场呢？为什么不直接跳进龙卷风里？答案是双重的。首先，对于许多客户来说，在你正在取代的旧范式中仍然有着无穷的生机。他们可能会感受到你所提供的新范式的吸引力，但还没有令他们信服的理由让他们去行动。由于基础设施的任何变化都必然带来各种隐性后果，所以这部分市场会本能地退缩。

　　其次，尽管你已经跨越了鸿沟，并证明你能为至少一个利基市场提供一个完整产品去取代旧的范式，但是你尚未证明你的新产品是**可以进行普及**的。也就是说，在跨越鸿沟时关注利基市场主要是为了简化完整产品的结构。现在，要把它转换成龙卷风市场所要求的通用型完整产品，还需要做大量额外的工作，包括你自己公司内部的工作以及招募更多的合作伙伴和盟友，这样才能开发更复杂和丰富的解决方案集。

　　例如，当文字处理软件首次进入市场时，它是基于王安（Wang）和其他公司的办公微型计算机系统的，它在律师事务所、政府机构、咨询公司等利基市场中得到了采用，产生了大量的写作样板文件。而大多数其他公司在考虑到购买价格、额外的人员配备和所需培训后，选择固守它们的打字机。同样的历史也在电子表格软件上上演，它的最初采用者只有金融专业人士（莲花 1-2-3 在 IBM 个人电脑上的早期主要竞争对手是一个名为 Context MBA 的精心设计的金融建模软件包）；便携式电脑，如最初的康柏笔记本电脑，它们一开始几乎只供进行现场演示的技术销售支持专业人员使用；DEC 公司的 VAX 计算机，最初仅面向工程专业人员；寻呼机，最初主要由随时待命的医生们使用。

　　换言之，在技术采用生命周期的这个阶段，普通民众实际上并没有采用新的范式，但也确实接触到了这种范式。这有助于同化主流市场，使其在晚些时候参与龙卷风期的超高速发展。但眼前依然可以有很大的收益，因为进入保龄球道利基市场代表着这是一项可盈利的可重复业务，因此创业型企业可以首次从业务运营中获得资金，专注于业务，继续完善用于未来扩张的产品并降低其成本。

在市场发展的这一阶段，各种利基市场的规模不足以支持多家供应商，而且利基市场中的客户也不愿意这么做。它们宁可团结在单一供应商周围，该供应商拥有为其特定问题量身定制的、具有高度应用针对性的解决方案。因此，要真正确保获得一个细分市场，你就必须驱逐所有其他竞争对手，确立自己作为主导性市场领导者的地位。

这么做并不像看上去那么难。根据定义，按照你目前在生命周期中的位置来看，你此时应该已经拥有一种非常有创意的产品。你所要做的就是让它针对一个细分市场的客户，这些客户拥有某个令他们信服的购买理由，以及某种他们目前不能够得到满足的迫切需求。而你通过承诺完成这些客户的"愿望清单"、为他们提供特定的完整产品，使他们的需求"能够"得到满足，作为回报，他们会让你做成这笔生意。一旦有足够多的客户这样做了，就会有传言说这家公司有一种很棒的新方法，然后大家都会把他们的业务交给你。同样的口碑机制也能有效抵御任何迟来的竞争对手，因为这种机制已经将你标记为"正确"的供应商，你将终身保持这种地位（或者至少保持到下一次范式转移到来之前）。

这就是平面设计师群体对苹果公司桌面排版产品做出的回应，是华尔街对太阳计算机系统公司和赛贝斯公司提供的交易员工作站做出的回应，是银行业对天腾电脑公司（Tandem Computers）的自动柜员机做出的回应，也是电影工业目前对硅图公司（Silicon Graphics）做出的回应。这些都不是唯利是图的承诺。每一项业务都可以持续十年或更长时间——按照硅谷的计年方式，这就相当于终身的忠诚了。它们的反应代表着务实主义客户群的深思熟虑且目的明确的行动，旨在确保它们所在的行业拥有适当的基础设施以及适当的支持。

简而言之，进入保龄球道就意味着你已经进入了主流市场，你是"认真的"，你的产品获得了"真正客户"（而非意见领袖）的背书。很显然，有了这样忠诚的客户，你绝不会很快倒闭。恭喜你。

然而，与此同时，你也并不完全是一家地位稳固的公司，拥有类似康柏、英特尔或诺威尔的地位。这些公司分别被定义为个人电脑、微处理器和局域网市场的领导者。它们的市场是由它们的**产品**决定的，而你的却不是。你的市场是由**客户的应用**定义的。换言之，在该阶段，苹果公司赢得的是桌面排版市场，而不是个人电脑市场；天腾电脑公司赢得的是自动柜员机市场，还不是容错计算机市场；硅图公司赢得的是娱乐界市场，还不是 3D 工作站市场。

因此，与将产品类别本身作为参照点的龙卷风市场不同的是，在保龄球道的利基市场中，参照点实际上是客户的市场，而不是你的市场。这一点具有重要的战略意义。你必须明白自己在市场上的力量，虽然不是零，但其性质却是附属性的。你还不是真正的玩家，而更像一个门徒。你的利基市场客户既是你的赞助者又是你的保护者，你绝不能过早离开他们的保护伞。

作为你的赞助者，这些客户将证明你在他们的领域内的价值，并能够用可信的方式把你介绍进与他们有某些商业往来的其他利基市场中。作为你的保护者，他们会坚守在你身边，即使你可能没有市场上最好的产品，他们也会为你贡献最大的业务份额，从而在激烈的竞争中为你提供喘息的空间，在困难时期为你提供退路。如果你还没有实现你的最高抱负，那么，在这一生命周期中，你第一次拥有了持久的朋友和盟军。

市场领导力的冲击

那么，为什么这些公司会对你这么好？这是因为它们认为你是它们的**市场领导者**，而它们的行为是务实主义客户用以衡量该头衔目前状态的尺度。

务实主义者重视稳定有序的基础，在此基础上他们可以建立和发展不断完善的体系。没有明确领导者的市场缺乏这样的基础，因此在本质上是不稳定的。例如，在撰写本文时，面向对象数据库或桌面视频会议的市场还没有明确的领导者，所以，两者都没有得到任何务实主义者的投资也不奇怪。

这不是因为投资者缺乏兴趣。大多数务实主义 IT 执行官会告诉你，他们认为这两项技术都具有巨大的价值，并且完全相信它们在未来的某一天会在自己的公司中得到广泛采用。但如今，由于缺乏一个明确的领导者，这些市场在标准、架构或愿景方面没有参照点。而缺乏这样的指导方针，就不可能做出具有长期影响的决策，但此类决策正是高科技公司的务实主义客户必须一直在做的。于是，这些客户会保持中立——他们会观看，会参加研讨会，会相互讨论，但他们不会采用。

另外，一旦确立了明确的市场领导者，在自由市场体系中自然就会出现秩序。此时发生的第一件事情就是第三方公司对自己重新进行调整，使其产品与市场领导者的产品和接口兼容和互补。为什么？因为市场领导者已经为它们**创造了一个市场**。也就是说，每一个购买了市场领导者平台的客户现在也成了市场领导者的产品或服务的潜在售后市场的客户。随着这些第三方公司开始销售它们的产品，一种越来越完善、越来越有价值的完整产品就围绕着市场领导者规定的架构成长起来。这样一来，客户就能够利用这一日益丰富的基础设施实现越来越多的购买目标，从而成倍地放大其最初的投资回报，这进而又推动更多的销售，为不断扩大的完整产品系列吸引更多有建设性的元素。

在这种新兴市场中，这些合作伙伴和盟友自然不愿去支持第二个不是很成功的平台，因为后者无法提供同样的杠杆机会。可以肯定的是，如果市场继续发展，进入龙卷风期，那么这些不太成功的平台会转过头来与客户群体中的次级玩家合作——在这种情况下，即便这些客户贡献的销售额足以让平台收回投资，这些平台也将始终获得次等待遇，这就意味着它们的客户将得到一个次等的完整产品，这也是大多数务实主义者不仅会在市场领导者那里进行购买，而且愿意以高度优惠的待遇鼓舞和奖励这些市场领导者的主要原因之一。

具体说来，务实主义者主导的市场会赋予市场领导者一系列非同寻常的竞争优势，所有其他竞争对手都不可能享受到。首先，市场领导者有权对同样的产品收取更高的费用，即使该产品可能存在缺陷。例如，英特尔的奔腾芯片最近被曝有缺陷，但仍比 NexGen 的无缺陷克隆芯片贵了 33%。此外，身为市场领导者，像英特尔这样的公司出货量必然是最高的，所以它们也享有最低的单位成本。最高的价格加上最低的成本就构成了一个利好公式。

但情况甚至还会变得更好。市场领导者能够享受较低的销售成本，因为务实主义客户期望购买市场领先产品。其他人要想打破这种期望值，就必须在销售方面付出更多的努力和时间。而且，由于市场领导者正在为第三方创造一个新兴的售后市场，因此它不必为赢得第三方的支持而付费——事实上，它往往还可以向这些第三方收取费用，例如，甲骨文公司就会在将其数据库移植到任何电脑平台上时收费。但陪跑者就没这么幸运了——事实上，如果它们不必**花钱**就能获得端口支持的话，已经该感到庆幸了。因此，这份优势清单在不断加长。无论在分销、宣传、招聘还是客户接触途径方面，市场领导者都拥有比任何竞争对手都更明显、更有利可图的优势。

一旦你理解了该系统的运作原理，成为市场领导者就会成为一种执念。事实上，所有奖项中的最有价值者就是成为龙卷风中的市场领导者。但是在现阶段追逐那个目标还为时过早，因为市场从整体上说尚未准备好买进，它在旧范式上的投入仍然太多，并将在未来一段时间内拖拉不前。如果你现在就尝试进行大范围正面攻击，那你只会在真正的机会到来之前耗尽你的资源。相反，现在应该把重点放在赢得利基市场上，这些利基市场是由那些在旧范式下被边缘化、没有得到很好服务的客户组成的，它们正面临着重组业务以提高竞争力的压力。这些细分市场非常容易争取，在这里你可以立刻取得快速进展，同时为即将到来的龙卷风市场大战获取战略优势。

仁科公司范例

考虑一下像仁科（PeopleSoft）这样的公司，这家客户机／服务器软件公司最初是通过人力资源管理系统利基市场入市的。仁科公司的管理团队知道，客户机／服务器应用程序的重大胜利最终将不是来自人力资源应用程序，而是来自更主流的业务应用程序，如财务、订单处理、制造，等等。但他们也认识到，市场需要花上一段时间才能够放心将这些"关键任务"系统委托给新范式。另外，人力资源应用程序对客户来说风险要小得多，是适合让他们迈出第一步的领域。仁科公司还从过去的经验中了解到，人力资源职能在市场上获得的服务向来水平低下，同时面临着日益增长的为 21 世纪进行自我重组的压力。这里有一个接受意愿强但未得到很好服务的终端用户群体，他们愿意向 IT 部门宣传仁科的业务，而 IT 部门正在寻找一个安全的测试平台，为首次进军客户机／服务器系统做准备。

所以仁科公司就在这里划下地盘。在很短的时间内，它一跃成为客户机／服务器人力资源管理系统领域毋庸置疑的市场领导者，赢得超过

50% 的市场份额。由于仁科公司专门针对该利基市场中令人信服的购买理由开展工作，因此它从一开始就能够获取溢价，这意味着人力资源应用程序对该公司而言是一项高利润业务，使它可以为额外的产品及市场新方案提供资金。同时，由于人力资源应用程序为大公司提供了获取客户机／服务器系统体验的安全途径，因此它也成为一项增长速度极快的业务。最后，由于人力资源应用程序引领了客户机／服务器系统采用方面的第一次重大突破，因此该公司在整个客户机／服务器市场赢得了市场领导者的声誉——获得了与公司规模不成比例的大量宣传，但它对此肯定是求之不得的。

如今，仁科公司正凭借这一强大堡垒，用金融和制造业产品进军更广阔的客户机／服务器商务系统市场。在这个更大的市场上，与甲骨文或思爱普（SAP）之类的公司相比，仁科公司只是一个小玩家。甲骨文公司早早占据领先地位，部分原因是它已经在市场上推出了一款财务应用程序，另一部分原因是它的数据库是支持客户机／服务器应用程序的首选。思爱普公司的总部位于德国，最近它在美国市场掀起了风暴。1994年它在该领域的表现使它以 34% 的份额占据了市场领先地位。思爱普是和甲骨文一样的身价达到 10 亿美元的公司，它在客户机／服务器应用程序市场的业绩从 1993 年的 1.4 亿美元总收入飙升到 1994 年的 3.67 亿美元总收入，同比增长 162%，达到了龙卷风级别。

在正面交锋的竞争中，如果没有缓和因素的话，人们可能会认为此时刚刚突破 1 亿美元大关的仁科公司将被在投资能力和分销渠道规模方面具有压倒性优势的竞争对手从市场上抹去。然而，尽管与对手不是一个级别的，但仁科公司仍然**无法被逐出赛场**！作为客户机／服务器人力资源管理系统领域无可置疑的市场领导者，它的立足点为它提供了进入更大客户机／服务器市场的永久通道，没有人可以将其堵住。也就是说，任何同时对人力资源管理和财务应用程序感兴趣的公司都会积极寻求仁科公司的建议，不管它们最终会选择谁的系统。这就是任何一个地位稳固的市场领导者都能获得的销售收益。仁科公司必须聪明地将重点放在一个或多个类别的客户那里，对于这些客户而言，一个具有强大的人力资源管理能力，并且将人力资源管理和财务相结合的解决方案将是最吸引人的选择。

这种巧妙争取优势地位的策略是所有营销策略的精髓。这里的重点在于，随着一家公司开始进行更大范围的市场扩张，利基市场的领导地位可以成为一项卓越的战略资产，因为它建立了强大的运作基础。关键在于，不要偏安于利基市场，要利用利基市场向前发展，利用它来争夺更多的利基市场，而你的最终"一击"就是在龙卷风市场取得胜利。

把着眼于龙卷风的策略牢记在心，现在我们再去看一家在该过程中走得更远的公司——莲花公司，以及其产品 Notes。[⊖]

莲花公司的 Notes 范例

Notes 代表了近年来最非凡的营销成就之一。该产品的本质很难描

⊖ 在本书撰写到最后付印期间，莲花公司已经被 IBM 收购，证明了高科技领域的快速变化。

述，直到今天，莲花公司的执行官们还是无法对它进行明确分类。在很长一段时间中，他们试图用"群件"来定义它，但具有讽刺意味的是，事情的发展方向恰恰相反——如今"群件"这个词是由 Notes 来定义的。

Notes 和它的发明者雷·奥茨（Ray Ozzie）带给世界的是一种从根本上来说全新的信息共享经验，这种经验是建立在故意违反最古老的数据库管理法则的基础上的。该法则认为，数据库的第一个也是最重要的一个功能是，通过将包含相同数据的文件合并到一起，由一个单一的数据库管理软件对其进行更新和控制，从而阻止文件激增。

但 Notes 所做的事情恰恰相反。每经过一定的时间间隔，每个 Notes 服务器都会与它所连接到的所有其他 Notes 服务器进行通信，询问："你有哪些我没有的新信息？"然后立即交换所有这些新数据。于是，文件不仅会激增，而且还会扩散！这是一种管理数据的疯狂方式，但事实证明这是一种分享信息的绝妙方式。原因很简单：到最后，该连接体系中的任何一台 Notes 服务器上的所有人都会知道其他人都知道的事情——任何人都不必通过电子邮件明确地向任何其他人发送任何信息。

这项技术被称为**复制**，它已成为数据库软件中最热门的新理念之一，正在被甲骨文和赛贝斯在它们的数据库软件中采用，并引发微软推出竞争性产品，名为 Microsoft Exchange。然而，尽管竞争对手的规模更大、范围更广，Notes 却依然在竞争中占据着绝对优势。我们将从对龙卷风市场动态的研究中看到，作为这一类产品的市场领导者，它永远都不可能被取代。不过，我们目前的重点是审视莲花公司是如何取得这一备受青睐的地位的。

Notes 是作为企业范围内的一种通信新范式被推出的，并因此赢得了普华永道会计师事务所（Price Waterhouse）的谢尔登·劳贝（Sheldon Laube）等意见领袖的背书，他们购买了 10 000 个该产品的许可证，而且是在它真正完成 beta 测试之前。但随后 Notes 就在鸿沟中萎靡不振了。它的确是一个令人兴奋的新范式，是人们想持续关注的，但是它实在太难以描述，更不用说实施了，任何自尊自重的务实主义者都无法欣然接受它。此外，它还带来了一项令人生畏的挑战，即扩散和支持另一套全新的基础设施——这项工作太艰巨了，只要有可能，人们都会避免这么做。

为了跨越这道鸿沟，Notes 团队将工作重点从"整个企业范围内的沟通愿景"下移到"针对特定功能的商务解决方案"层面。首先是全球客户管理，其关注焦点是全球的会计和咨询公司，在这一点上他们可以借鉴从普华永道那里获得的经验。此时，令人信服的购买理由就是，让这些公司在其《财富》500 强客户那政治意味浓烈的世界中加强对万众瞩目的项目和提案的客户活动的协调。在这样的环境中，掌握关于"谁对谁说了什么"的最新消息很容易成为成功的关键。所以，没过多久，产品就获得了终端用户的强烈认可。幸运的是，这项应用的完整产品基本上就是 Notes 本身。

从这里开始，对任何销售团队来说，这都是向全球客户管理迈出的一小步，特别是在高科技行业内，电子邮件已经为在线交流铺平了道路。然后，随着解决方案中开始出现通信元素，莲花公司就能够将其迁移至另一项业务功能，即客户服务上。特别是在高科技公司，掌握最新事件的最新信息可以判定一个客户是否仍在控制中，但是，开放和自由的信息传播也可以支持创造性解决方案，用以解决来自非预期或者说非特定合作中出现的问题。这些利基市场还带来了另一个结果，即将客户纳入 Notes 循环圈中。于是，突然间，出现了一种进一步接近客户的全新机会。

与此同时，另一种形式的"市场传染症"正在发挥作用。当然，发起这一切操作的全球客户管理应用团队也在与他们的客户合作。这些客户开始只是听说该系统，然后开始使用该系统，于是，当项目团队完成任务，该断开 Notes 时，客户已经欲罢不能了。从他们的角度来看，让在地理上分散的项目团队更好地协调活动，尤其是在研发和产品发布方面，已经变得至关重要。现在，由于公司组织包含多重职能——一些是外部的，另一些是内部的，因此企业范围内的沟通愿景开始显得越来越合理。毕竟，这么多年来，我们一直在呼唤的不正是更好的沟通方式吗？

换言之，虽然在本书撰写时尚未形成强有力的竞争，但 Notes 已经进入其市场发展的龙卷风阶段。随着越来越多的公司希望赶上这股有着丰厚利润前景的潮流，参加其第三方用户大会 LotuSphere 的人数正以每年 100% 的速度增长。《计算机世界》（*Computerworld*），这一大多数务实主义者的堡垒，一再给予它头版地位。请注意，Notes 的完整产品仍有相当大的滞后性，目前它还不能很好地扩展到企业级应用程序中，应用程序环境也还不成熟，而且迄今为止，经过检验能够让务实主义买家感到舒适的第三方应用程序数量依然很小。尽管如此，终端用户还是要求获得这种新的信息共享方式，因此，就算 IT 行业有着更好的判断力，也难免被卷进变革之风中。

所有这些都可以追溯到一长串利基市场的发展中，一个利基市场的发展触动另一个利基市场的发展，这种效应可以用**保龄球瓶模型**加以说明。

保龄球瓶模型

保龄球瓶模型旨在帮助高科技公司以尽可能杠杆化的方式完成利基市场扩张，从而快速进入龙卷风期。你必须记住，每一个利基市场在能够采用新范式之前都要求高科技公司的完整产品已经全部完成。同时，如果高科技公司能够给"毗邻利基市场"提供参照，即该产品在毗邻市场中已经建立起了口碑，那么该利基市场就更容易买进该产品。

如果我们随机追逐利基市场，把销售机会作为唯一的动力，那么就根本不会产生这种杠杆效应。这时，每一个完整产品都必须从无到有进行构建，至于能否有某个先前的客户提供参考，就完全得碰运气了。但是当将前述原则植入市场发展战略核心时，我们看一看会发生什么，如图 3-1 所示。

在这个模型中，1 号保龄球瓶（细分市场 1、应用程序 1）对应的是滩头细分市场，是高科技公司跨越鸿沟努力的全部焦点。所有其他球瓶都是从这个 1 号瓶"衍生"出来的。现在让我们通过一个具体案例来探讨这个问题。

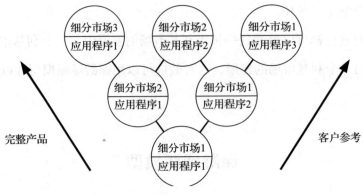

图 3-1　保龄球道期市场发展

保龄球道期的苹果公司

就苹果公司的 Macintosh 产品而言，细分市场 1 是**公司内部的平面设计师**，应用程序 1 是**桌面排版软件**。接着要做的就是利用在该细分市场获得成功所带来的两项关键资产推动公司进入相关细分市场。

第一项关键资产是**客户参考**。在推出围绕 Aldus 公司的 Pagemaker 软件成长起来的桌面排版软件之后，苹果公司继续停留在平面设计师群体中，不断开发其他应用程序，包括桌面演示软件——先是围绕着 MacDraw 软件进行开发，然后是围绕着 Aldus 公司的 Persuasion 软件和微软的 PowerPoint 软件进行开发，接着涉足文件共享和电子邮件，以加强与客户群的交流。这些应用程序上线要容易得多，因为客户细分市场已经熟悉了 Macintosh 产品，人们可以看着其他人使用它，然后自己试用，最后加以采用——因为他们知道在遇到麻烦时周围有人可以帮助他们。

与此同时，另一种形式的市场开发杠杆也在发挥作用，这种杠杆是基于对**完整产品**（第二项关键资产）的延展。桌面排版软件对公司内部的平面设计师而言已经很好了，但它需要进行延展，以便为广告和出版界基于代理的平面设计师们提供服务。随着这些高端功能的上线，该完整产品又经历了另一系列的转变，重点是分色和印前要求，以供专业出版商采用。然而，该完整产品的每一项延展功能都是基于先前的工作和已经与第三方建立的稳固关系。因此，如果没有这些基础的话，它的增长速度根本不会这么快。

不过，苹果公司并没有特意使用保龄球瓶模型来推动其营销战略。它凭借一些强大的营销盟友和某种卓越的运营判断，多少是碰巧进入该模式的。如今我们的目标是通过规划来达到同样的效果。想要做到这一点，我们可以重温一下 Documentum 的案例。

你应该记得，该公司之所以能够跨越鸿沟，是因为它将所有精力集中在制药业细分市场和 CANDA 应用上。图 3-2 中所示的是一种它可以采用的合理的发展方式。

图 3-2 背后的理念很简单，就是充分利用赢得第一个滩头阵地后所获得的资产。因此，如果我们已经成为制药行业注册申报领域的宠儿，而且该领域已经走过了高级文档管理的技术采用流程，那么我们现在就可以向该领域推介将这种能力延展到其他职能中去的方法。制造业有按批次追踪药品的监管需求，研发领域有远远超出其他行业的文献搜索需

求。可以肯定的是，这种延展工作需要追加完整产品投资，但可以建立在现有的基础设施之上。

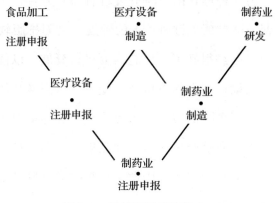

图 3-2　保龄球道战略样本

同样地，将监管事务应用程序延展到医疗设备和食品加工领域——由食品和药品管理局管辖的其他行业，也能发挥杠杆作用，这一次则是基于克隆完整产品。此外，当公司进入购买理由不那么令人信服的市场时，还需要对产品进行一些修改，通常是需要进行简化和降低成本，但所有这一切通过利用最初完整产品研发的沉没成本都是可能实现的。

寻找附加杠杆对于高科技产业战略至关重要，原因很简单，即完整产品的创造是一个昂贵而耗时的过程。事实上，如果公司一直不能超越最初的滩头细分市场，那么能否收回当初为赢得这些客户而付出的全部投资就很值得怀疑了。但是，如果公司能做出同样的投资，然后通过适度的附加工作赢得全新的利基市场，那么现在它就拥有了一种非常有利可图的路径。当然，这就是保龄球道策略的目标。

当公司通过保龄球道策略进行扩张时，只要它们能继续为其可持续的完整产品杠杆找到新的应用，那么它们就是所向无敌的。考虑到市场标准和第三方支持已经围绕着现任市场领导者的架构形成，竞争对手要想与它们在完整产品的总价值上一较高下就太困难了。相反，当公司为了进入新市场而放弃先前的完整产品即杠杆来源时，它们就会变得异常脆弱。这是因为它们已经习惯于拥有这种不公平的竞争优势，却没有意识到自己已经不再拥有这种保护。在太阳计算机系统公司最近的发展中，我们可以看到这一原则在自动发挥作用。

太阳计算机系统公司范例

太阳计算机系统公司（以下简称太阳公司）通过引入一种从专有系统到开放系统的范式转移在早期市场起步。这是一种非常有远见的理念，得到了该公司的常驻技术爱好者比尔·乔伊（Bill Joy）和常驻商业意见领域斯科特·麦克尼尔（Scott McNealy）的支持，整个 Unix 操作系统群体都聚集在这面旗帜下。然而，尽管如此，它依旧没有撼动任何一位务实主义者。

为了进入主流市场，太阳公司向许多利基市场出击，其中包括计算机辅助软件工程（CASE）、计算机辅助设计（CAD）以及技术出版物。每一次它都能够利用公共领域的软件加速其完整产品的开发。后来，它又推出了一些新的举措，特别是进入了 ECAD（针对电子工业的计算机辅助设计，专注于半导体和系统设计）、科学计算（如化学分子建模）和地理信息系统（GIS）领域，推出了各种制图应用程序。在所有这些领域，太阳公司都取得了令人钦佩的成功。

当公司沿着这条路线前进时，随着这些保龄球瓶开始相互碰撞，市场构成从一组垂直线转变成一个单一的水平类别，即"**技术工作站市场**"。也就是说，太阳公司自己的"**产品**"类别变成了占主导地位的"**市场**"类别。工作站不再是某种其他成熟市场的附属品，而是凭借自身条件变成了市场本身。

我们将在下一章中看到，这是一个关键的龙卷风信号。无论哪家公司在市场份额上处于领先地位，当这种情况发生时，它都会成为制度化的新市场领导者。在太阳公司的例子中，虽然阿波罗公司的产品在太阳公司出现之前早已进入了**产品类别**，并且表现出非常好的效果，可是当**市场类别**最终出现时，处于领导者地位的是太阳公司而不是阿波罗公司，而且，斩获市场领导者地位所有好处的也是太阳公司，而不是阿波罗公司。

至此，市场对太阳公司的优势反应良好，反之亦然。但随后的两项发展暴露了太阳公司在地位上的弱点。首先，尽管在 20 世纪 90 年代出现了一个强大的商用 Unix 服务器市场，但无论是在工厂还是在现场销售力量方面，太阳公司以桌面技术为导向的做法都使其无法保持竞争力。现在这个市场已经转向了惠普公司，同时还存在来自 IBM、DEC 和美国电话电报（AT&T）等公司的挑战，它们都在取代之前大获成功的 Sequent 和 Pyramid 系统——考虑到太阳公司的规模和实力，它远没有展现出人们期待中那么明显的竞争力。与此同时，由于英特尔和微软在性价比方面出人意料地加速升级，太阳公司试图扩展其工作站范式以拦截个人电脑增长的计划受阻。这就给除了少数商用台式机之外的所有台式机贴上了一个"满员"标志，并极有可能危及太阳公司传统上不可挑战的技术领域。

这里发生了什么事？我们可以这样说，一旦太阳公司从保龄球道跃出去，进入它的第一个龙卷风——技术型 Unix 市场中，它就会为了满足巨大的需求而放弃原先的利基市场策略。到那一刻为止一切都好。然而，当它要走出该领域时，太阳公司试图延展它的龙卷风战术，去涵盖商用服务器和商用台式机这些新领域，结果却没有成功。原因如下。

在这两个领域，太阳公司的完整产品都没有全部完成，而且在这两个领域，它都没有被定位为现任市场领导者。在商用服务器领域，它在产品方面严重缺乏遗留系统集成，在服务方面缺乏适合大型商业安装的销售和支持能力。在商用台式机领域，它缺乏与微软 DOS 系统遗留及 Windows 应用程序相适应的能力。可以肯定的是，它在这个问题上付出了很大努力，推出了自家软件仿效 Windows 系统，并通过其 Soft PC 产品线来支持第三方，如 Insignia 解决方案。但是在过去，《财富》500 强企业中的 IT 群体曾过于频繁地被各种仿效环境所折磨，所以拒绝接受这些调和方式。

因此，太阳公司现在不得不重新考虑其在市场中的整体地位以及未来发展战略。为此，在寻求向不属于其传统霸权领域的市场空间渗透时，它需要谨记下文中指出的保龄球道策略原则。

即使是首席执行官也应该知道的原则

保龄球道策略的第一个原则是：永远不要进军一个在你的产品类别上的当前年度支出超过了当前年度收入的细分市场。或者，用竞技界的俗话来说：**挑个跟你级别相当的对手**。原因如下。

在保龄球道中期待龙卷风到来时，你的首要目标是让你的架构在尽可能多的利基市场中成为领导市场的标准。这有点像参加初选。每一个利基市场都会验证你的解决方案，无论是从字面意义上说——在某种意义上它证明了你的完整产品是令人满意的，还是从比喻意义上说——它表明又有一个选区投票支持你的标准。你的目标是在龙卷风市场选举领导者时，借助支持者的潮流，进入关键提名期。

现在，可以肯定的是，赢得加州或纽约州规模的细分市场比赢得阿拉斯加州或夏威夷州的提名更有影响力，但是，赢得任何一个州的老大地位都远远胜过了在所有州中都获得第二或第三名的地位。对于市场领导力而言也是如此。要获得任何一张保龄球道的初级选票，你都必须在一个特定的细分市场取得明显的市场统治地位。只要市场仍然是分裂的，或者有另一个竞争对手拥有同样有效的领先优势，你就等于没有赢得任何东西。或者，更确切地说，你赢得了很多东西，但没有任何一件能回应你对龙卷风的渴望。

要成为一个细分市场的领导者通常意味着要赢得过去 12 ～ 18 个月里的 40% 或更多的新业务。在这样的成功水平上，假设距离你最近的竞争对手远远落后于你，市场就会开始传播你是市场领导者的信息。一旦发生这种情况，你就可以预期在接下来的 12 个月里，你的市场销售份额将远远超过 50%。务实主义者最想买的莫过于其他务实主义者买过的东西。

因此，你的目标是在未来 12 个月内让某个细分市场的购买量达到或超过 40%。这已经对你的战略设定了一些限制。如果该细分市场已经有另一家供应商在提供良好服务，已经拥有了一位地位稳固的市场领导者，则在此时间段内你没有机会取代该供应商。因此，我们必须寻找一个服务水平低下的细分市场，它目前尚没有进行大量投资，它的问题目前也没有有效的解决方案，可一旦有人前来纾困，它就会投入大量资金。

以下是选择保龄球瓶目标即细分市场的两个关键标准。

（1）该细分市场有着令人信服的购买理由。

（2）该细分市场目前未得到任何竞争对手的良好服务。

将这两者结合起来，它们可以确保你获得一个开放的领域。现在的问题是，你能应对多大的领域？

要回答这个问题，你得审视你的商业计划。你计划在明年总共出多少货？假设是 1000 万美元，因为这是一个很容易计算的数字。下一个问题是，这 1000 万美元中来自目标市场的比例是多少？我可以向你保证，绝不会是 100%，除非你的产品只适用于一种应用，而在这种情况下，你的未来计划中不应该有在近期进入龙卷风的抱负。所以让我们假设你成功地激励了你的销售队伍并专注于针对该市场进行营销，最终你有 60%的收入来自你的目标市场，即 600 万美元，也就是 1500 万美元的 40%。

因此下一年度你的目标细分市场所能投入的最大支出就是1500万美元，同时还得由你充当它的主要供应商。

这就是你的第一个目标细分市场。在你考虑第二个目标时——保龄球道策略本身意味着你已经击倒了1号保龄球瓶，你可能会期望将总资源中更少的比例投入新细分市场中，因为你的第一个利基市场中仍然有很多完善和延展承诺需要完成，资金投入必不可少。但是，经验法则是：不要进军任何规模级别超过你的细分市场，挑个跟你级别相当的对手。

在这里，那些因在保龄球道早期的成功而名声大噪的公司往往会犯一个严重的战略错误。由于从最初的细分市场那里感受到了推进力，因此它们会低估赢得下一个新细分市场所需的资源，导致在进军该细分市场时投资不足。这就会造成在创造了对新解决方案类别的需求之后无法满足该需求，也就意味着**为其他竞争对手创造了一个市场**。

不过，在一半的情况下，由于这些竞争对手和我们一样毫无头绪，所以公司能够侥幸从该错误带来的后果中逃脱。事实上，你甚至可以选择赌一把，如果竞争对手没有能力处理这个问题，你就可以将资源扩展到更多的细分市场，这虽然增加了你的脆弱性，但如果没有人在这段时间内抓住你的弱点，你就可以扩大你的地盘。但你一定要明白一点，即你正在冒一种很严重的风险，你不应该轻率地这样做，或者说，更重要的是，你这样做不应该是出于无知。

安全途径是——如果在生意场上有安全途径这回事的话，在入侵任何一个新的细分市场时进行过度投资，以加速将公司提升至市场领导地位。一旦获得该地位，就立即转移资源。这里存在的挑战是要有一个策划得特别优秀的完整产品，这样你就可以满足这一新创造出来的需求而不会被层出不穷的定制承诺束缚住。这是保持资源重新自由分配的唯一方法。

因此，在保龄球道期选择目标细分市场时，一个关键标准是，它要足够小，而不是足够大，从而服务于我们的战略目标。如果这个市场不够小，这并不意味着你不应该把产品卖给这些客户，这只意味着你无法从他们那里获得市场领导地位。他们应该被视为机会主义收入的来源，而不是走向市场领导地位的垫脚石。

第二个原则

保龄球道策略的另一个关键原则是将市场开发重点放在终端用户群，而不是技术人群上。具体说来，你应该努力获得**财务型买家**的支持，他们是终端用户组织中对你的产品服务给定功能负有盈亏责任的幕前执行主管或经理。反过来说，你不应该期望从 IT 专业人员，特别是负责企业整体基础设施部署和维护的 IT 主管那里获得赞助。原因如下。

在保龄球道期，你的任务是让一家公司先于它所在的市场采用一种新范式，这不符合 IT 部门的利益。对它们来说，这意味着额外工作，并且会使它们运行关键任务的系统面临额外风险。对它们而言，更好的策略是将现有的范式保留更长时间，对新范式进行离线试验，但不要接受它。这样一来，它们就能两全其美，在为未来转型做准备的同时最大限度地减少干扰和冲击。考虑到这一点，现在要求这些技术型买家支持你绝对是一个糟糕的策略。

相反，你必须转向终端用户群体，特别是其中的财务型买家，这些人通常是你希望实际中会使用你的系统的终端用户们的上司，而且你特别需要找到当前市场上的信息系统所不能满足的用户子集。你可以通过以下办法接近他们。

- 你提出用你的创新产品去解决某个迄今无法解决的问题，而这个问题正在增加他们的成本。
- 你向他们证明该问题是当前 IT 基础设施支持终端用户的范式中存在的固有问题，从而获得他们的关注。
- 然后你表明你可以轻松地解决这个问题，因为你的新范式有效地重新设计了终端用户的工作流，从而消除了问题的根源。
- 与此同时，你向他们展示你是如何全面深入地研究他们的特殊应用需求的，所以你不仅拥有创造这一奇迹所必需的核心产品，你还拥有完整产品。
- 通过有条不紊地分析完整产品的所有要素，展示你对他们业务的深刻理解，你就可以消除这些务实主义者的抵触心理，获得他们的资助。

请注意，这一系列相同的服务也可以提供给技术型买家，他们肯定会理解并欣赏它们。只是，据此采取行动不符合他们的利益，至少目前还不符合。

有趣的是，这也不一定符合财务型买家下属的终端用户的利益。从他们的角度来看，旧的范式让他们感觉更加熟悉和安全。在短期内，由于掌握新范式会造成学习曲线上扬，他们的工作效率实际上会降低，因此他们可能也会抗拒你。只有必须为现状付出持续代价但已无力承担这种代价的财务型买家才有望在此时明确支持变革。

这有助于解释在保龄球道期垂直营销的成功与水平营销的失败。如果你想将基于技术的产品作为可全局部署的基础设施进行水平营销，那么你需要使用技术型买家最熟悉的术语。这样一来，他们就会被公司其他部门授予决策权。毕竟，这是**他们的地盘**。然而，正如我们刚才指出的，在保龄球道期，在这块地盘上玩游戏是糟糕的策略。相反，如果你对产品进行垂直营销，重点关注在特定行业中特定业务职能的应用程序问题所带来的经济影响，那么你就可以用一种能提高财务型买家权威的语言来争取你的机会。这样你就将采购决定权转移到他们的手里，而这正是你的理想场地。

这一原则有助于解释为什么像莲花公司的 Notes 这样的创新产品会如此成功，而像惠普公司的 NewWave 和 NeXT 软件公司的 NextStep 这些具有同等创新性的产品却远不及它成功。后两种产品进入市场的时间相隔五年，在被推出时代表了技术上的非凡飞跃。NewWave 现在已经不复存在，而 NextStep 尚未取得广泛的市场成功，当然更是达不到 Notes 那样的广度。我认为，在这两种情况下，失利的原因都在于公司主要采取了水平营销策略。这在很大程度上是因为两家企业都是由非凡的意见领袖领导的——惠普公司是鲍勃·弗兰肯伯格（Bob Frankenberg），他后来成了诺威尔公司的首席执行官，而 NeXT 公司则是史蒂夫·乔布斯。

意见领袖型领导者特别擅长向世人传达范式转移对整个企业界的影响，他们会在早期市场上获得巨大的成功和支持，在那里，他们基于技术的语言会在技术爱好者和其他意见领袖中产生共鸣。但正如我们刚才看到的那样，这种语言无法让我们跨越鸿沟、进入保龄球道，因为它给了务实主义的 IT 员工可乘之机，让我们得不到所需要的幕前执行主管们的支持。这并不是说这些意见领袖型领导者不能为务实主义者降低基调。他们确实可以做到这一点，但他们做不到全力专攻任何单一的利基市场。对他们来说，这就像把整个数字系统只投入一种运算中去，比如加法，只可以加能被 4 整除的偶数，他们会觉得这么做毫无意义。

但是，如果你是一名汽车经销商，正在清点你的车胎数量，或是一名铁匠，正打算给一群马匹钉马掌，或是一位设施经理，正在为桥牌比赛安排椅子，这种运算就是有意义的。要将采购决策的权力中心从由基础设施买家负责监管转变为由当地财务型买家负责监管，需要的正是这种本地化策略。现在，可以肯定的是，归根结底，这两者必须合作向前推进，所以我们在这里真正谈论的不是非此即彼的局面，而是权力的微妙转移。这是一种至关重要的权力转移，没有它保龄球道策略就无法成功。

综上所述，保龄球道期需要财务型买家的赞助，以克服技术型买家以及潜在的终端用户对先于其他市场客户去支持一种新范式的抗拒心态。为了获得这种支持，你必须用能让财务型买家进行赞助的语言来描述购买问题，否则他们将尊重技术型买家的专业看法。采用垂直营销策略可以实现你的目标，而采用水平营销策略则会失败。

保龄球道策略的两个奖励

保龄球瓶模型具有双重目的——赚钱和积累信用，以便在未来的龙卷风中成为公认的市场领导者。

首先，对于眼前的目标而言，你的首要任务是发展业务，增加利润，并进一步开发你的完整产品。你的市场焦点是利基市场，你的销售风格是咨询性的（通常是通过直销队伍或是受过良好教育的间接销售队伍进行），你的与众不同之处在于具有针对细分市场的专业知识。你是客户真正的合作伙伴，客户也将你视为合作伙伴。

与此同时，你应该时刻牢记长期目标，即在市场真的进入龙卷风期时成为市场领导者。出现这种情况的时机是，市场竞争在离开利基市场并转而围绕新兴产品类别进行重组时变得更高效、更有效。这种重组会发生在龙卷风刚开始时。届时，该市场类别的名称本身已经流传了一段时间，人们**谈论**这个市场已经有好几年了，但事实上，直到现在它才**成为**一个市场，因为直到现在才积累了足够多的明显可预测的未来财富，使创造一个新的市场制度变得物有所值。

例如，在互联网世界中，在**集线器**和**路由器**这两个目前占主导地位的市场类别出现之前，有一段时间各家公司先是出售**网桥**，然后是**路由器**，再然后是一种二合一产品，它在一段时间内叫作**桥式路由器**。在此期间，销售一直在进行，有很多公司进入又离开这个市场，合并也一直在进行中，但始终没有一个稳定的市场。相反，这一切都是被作为局域网市场的附属品来对待的。但随着思科公司的崛起，特别是还有海湾网络公司和凯创（Cabletron）公司的出现，有大量的财富被集中在一个非常小的领域，人们已经无法将这个领域视为一种附属物。正如参议员埃弗雷特·德克森（Everett Dirksen）过去常说的那样："这里 10 亿美元，那里 10 亿美元，很快这就变成了一笔不容忽视的钱。"

当某一特定类别产品的销售额加起来等于"一笔不容忽视的钱"时，市场就会改变其基础组织结构，以容纳新的市场类别。此时，无论哪家公司在市场份额上领先，都将成为公认的市场领导者。实际的转变发生在龙卷风期，但是赢得比赛的准备工作是在保龄球道期进行的。在保龄球道期做出的决定将催化或削弱你的机会。

或许，在这些**没有**发生时反而比真的发生时更容易让人看清这一点。以笔式计算机市场为例，尽管它在几年前吸引了很多人的关注、议论、投资和推广，但是很显然，它今天已经不复存在了。就本书的观点而言，它还没有跨越鸿沟。相反，这个市场的主要参与者——Go 公司、Momenta 公司和微软公司，都试图绕过保龄球道期，直接在龙卷风中着陆。它们**宣称**有一个市场存在，而事实上并不存在这样的经济结构。换言之，它们既没有利用垂直市场的保护罩，也没有暗中开发自己的完整产品并在其完全成熟后推出，更没有培养初选势头，而是全都试图从一开始就**采取水平发展战略**。这是为什么？当然是因为那里有着数量不容忽视的钱。

可悲的是，像这样过早进入主流市场会造成永久性损害。正如人工智能领域的公司在前十年中所证明的那样，任何所谓的市场，在烧掉了那么多钱之后，以笔式计算机市场为例，它在五年左右的时间里烧掉了约一亿美元，却没有孕育出可持续的市场组织，那它就无法复苏了，哪怕该技术后来变得有能力实现先前的炒作预言。此时市场上的各种力量已经无法重新集结，无法变得更明智、更机敏，因为它们已经解散了。现在该市场类别名称本身已经变得很不可信，没有人愿意与之联系在一起。因此，当那支笔最终变得有用时，它将不得不低垂着眼睛、拖着脚步走进市场，为自己显然不配拥有的辉煌过去感到难为情。

　　这一切之所以会发生都是因为公司不愿意在保龄球道中待上一段时间。保龄球道的机会存在过吗？当然！快递邮件追踪、基于现场的保险理赔裁决、家庭病人护理、租车通信等——今天，所有这些领域都在积极使用这项技术，其中任何一个都可以被轻松地用来充当保龄球瓶阵列中的 1 号瓶。所以，问题不在于，而且几乎从来都不在于，机会是否存在，而在于是否有**耐心**，而耐心正是保龄球道策略与风险投资的动态变化直接相悖的一种属性。

　　正如我们将在下一章中看到的那样，风险投资回报来自一个并且也是唯一一个途径，即在龙卷风竞争中获得第一名。三大笔式计算公司中有两家获得了风险投资的支持，并以非常快的速度推进，因为它们担心如果不这样做，其他公司就会先一步到达，这样它们就会在即将到来的龙卷风竞争中失利。微软随后闯了进来，尽可能捍卫自己在台式机方面的地位，而在这三家公司中，它是唯一一家能够承受损失的公司——确实，鉴于其当前基础设施市场领导者的地位，它最大的胜利可以说将来自这整个市场类别的崩溃，而这后来也的确发生了。

　　在所有这些狂热行为中，尤其是对于那些获得风险投资支持的公司而言，人们丢掉了一句古老的意大利谚语 "Festina lente" 中的智慧，也就是"慢中求快"。想快速度过孕育期是绝对不可能的。保龄球道不一定是减速区，事实上它可能是通向龙卷风的最快途径。这有点儿像登山。如果你认为你可以在一天之内从山脚爬到山顶然后再回来，那么慢中求快是没有好处的。但如果你认为这可能需要更长时间——事实上，这取决于你对起步时间的把握，因为龙卷风市场的发展通常是这样的，那么最快的冲顶方式就是先着手建立一个优质大本营，而这就是保龄球道可以提供的。

风险投资界也应该认识到，保龄球道期的成功是初创公司摆脱困境的最佳途径。也就是说，许多风投公司都假设它们所投资的公司会有多轮融资，其中一些是基于连续几轮的公司贬值，因为它们所投资的公司并没有将财务自给自足作为一个关键的中间里程碑。相反，它们把冲进龙卷风作为唯一的里程碑。这不仅使它们失去了优质大本营所提供的平台效益，而且也使它们没有机会将盈利以及只有努力工作才能在这个世界上走出自己的路等原则内在化。当事情真的出了差错，当方向盘真的失控，就像龙卷风中必然发生的那样，这些公司几乎没有什么东西可以依靠。

所以，总的来说，采取保龄球道策略，损失很少，收获颇丰。垂直利基市场是赚钱的好去处。将重点放在目标利基市场上，达到让你所属产品类别中的竞争对手要么不愿要么不能与之匹敌的程度，你就能够排除最强大的竞争对手。此外，通过花时间深入了解特定利基市场价值链的真实动态，你可以更成功地将你的高科技解决方案中的潜力转化为真正可以实现的利润——首先是为你的客户，然后延伸到你自己。这反过来又使利基市场成为价值基础定价法即目前最有利可图的定价形式的天然宿主。除此之外，每个垂直市场都支持自己的高效通信基础设施，包括强大的口碑渠道，所以你可以看着你的营销传播成本直线下降。除此之外，一旦一个利基市场认定了自己的市场领先解决方案，它就会永远对其保持忠诚，所以你可以理解为什么营销专业人士长期以来一直提倡这种策略。

然而，尽管有上述种种优点，用莎士比亚的话来说，垂直营销或利基市场营销却是一种人们"用破坏而非遵守来表达敬意的传统"。那么，为什么它没有被更多人采用呢？

反对保龄球道策略的原因

保龄球道策略被拒绝采纳至少有四个"**很好**"的原因，外加一个非常**差劲**的原因。让我们先看那个差劲的原因是什么。正如我们已经注意到的，高科技产业营销最明显的成功形式是赢得龙卷风竞争，而要取得这一胜利，你必须放弃利基市场营销。因此，如果赢得龙卷风竞争等于成功，而且这种成功排除了利基市场营销，那么去搞利基市场营销的肯定是笨蛋。论证完毕。

就算生活并不总是一场龙卷风，就算在龙卷风出现之前使用垂直营销事实上可以增加你在龙卷风来袭时成为市场领导者的概率，就算在龙卷风过后，正如我们在第五章关于技术采用生命周期主街期的讨论中将看到的——利基市场营销将再次成为发展市场和维持利润率的关键工具，但是只要比尔·盖茨没有在推广 DOS 或 Windows 系统时使用过这种策略，那么我们也不想跟它有任何关系。

好的。这个原因很差劲。我们把它撇开不谈，因为还有四个"很好"的原因可以解释为什么垂直营销策略没有带来广泛的主流市场成功。

（1）人们通常过于匆忙，无法正确执行保龄球道策略，因此，保龄球道策略理所当然获得了"没有效果"的名声。

这是利基市场营销中最常见的失败模式。很多公司只是口头说说而已，在市场参与中根本就没有表现出任何必要的奉献精神。相反，它们会重写数据表的前几段（"银行业报表编写软件"！），在它们的销售广告模板中加上三四项间接费用，然后购买一份该细分市场的潜在客户名单，群发广告邮件，在此过程中做成一两笔销售，然后在六个月之后转向其他业务。

这里的问题在于，这些公司执行垂直营销策略的方式就好像这只是一种促销战术，而不是一场**领土争夺竞赛**。从垂直营销中获得适当回报的唯一方法是成为目标细分市场中的头号供应商。要取得这样的成功，需要做出一个完整产品的承诺，该产品要能解决利基市场的一个关键难题，同时又能让你区别于该产品类别中的其他供应商。这不仅仅是一种"说得头头是道"的策略，更是一种"说到就要做到"的策略。只做到前者而不做到后者的公司能得到的好处微乎其微，这反过来又使它们有资格对未来任何采取垂直营销策略的建议提出质疑："我们试过，但这对我们的产品类别不起作用。"

（2）公司满足于最初的几个利基市场，并且一辈子安于其中。它们会忘记龙卷风。

对于这种情况我的看法并不是一成不变的。只要市场永远达不到形成龙卷风的潜力，这就应该被视为一种非常明智的权衡。因为每一年你都能更好地理解目标客户的业务问题，而且每一年你都能进一步巩固他们对公司的忠诚。你可以把改善你的完整产品落到实处，这是其他高科技公司总是想找时间去做但永远没时间做的事情。几年后，你已经"认识所有人"，最终你会被纳入该细分市场的行业协会和商业网络。最重要的是，只要还没有出现龙卷风，你就是市场上最好的价值提供者，因此你可以享受最高利润率。对于地位稳固的老牌公司来说，这种利润率可以非常高。

所以，关键问题在于，到底会不会出现龙卷风？一个非常适合从这个角度加以讨论的市场是地理信息系统（GIS）。目前该市场的领导者是美国环境系统研究所（ESRI），它也是ArcInfo产品线的供应商。在过去的几十年里，它主导着一系列利基市场，服务于地质学家、地图制作者、农业技师、房地产开发商、军事人员、土木工程师、环境保护主义者、城镇规划师、警察部门、美国医疗保健组织（HMO）项目设计师以及市场研究人员。ArcInfo 最初的文件格式一直是用于信息共享的 GIS 事实上的标准,尽管它们现在看来操作不方便,界面不友好。这就意味着,当任何人在该市场推出新产品时,该产品都会自动成为 ESRI 完整产品的一部分。与此同时,其创始人兼董事长杰克·丹格蒙德(Jack Dangermond)已经对这些市场的基础设施了如指掌,他几乎可以获得所有的销售机会并加入几乎所有正在形成的战略联盟。总之,他拥有一种非常强大的地位,没有一家公司奢望能把他赶走。

尽管其地位如此稳固,但是如果 GIS 市场真的进入龙卷风期,那么 ESRI 就很可能会失去其市场领导地位。原因如下。

正如我们将在下一章中看到的,在龙卷风期取得成功的关键举措之一是毫不留情地简化完整产品,使其更适合于通用用途,并且使其部署和维护更方便、成本更低廉。所有这些都与保龄球道价值观背道而驰,后者是围绕着向利基市场提供针对性解决方案的增值分销渠道建立起来的。传统的垂直市场领导者很少能够重新调整自己以满足这一系列严重对立的需求。

对于市场领导者而言,让业务保持常态关系过于重大,所以它不想进行这种转型,而且迄今为止它的所有经验都告诉它,这种转型是错误的,它的客户永远不会支持它这么做。从某种意义上说,这是绝对正确的:在未来一段时间内,这家公司的传统客户群不会支持它这么做。然而,一个巨大的新客户群,他们到目前为止甚至还未进入市场,却将采用新的方法。

随着时间的推移，这些新客户带来的销售额将使市场上迄今为止的总销售额相形见绌，而获得这些新销售额中大部分份额的公司将成为未来新的市场领导者。

在 GIS 的案例中，这一新的客户群可以是来自将制图纳入其基本信息基础设施的营销和销售组织。销售区域设计、区域内销售业绩分析、区域内产品可接纳性分析、营销传播规划——如果能够获得根据地理位置归类的数据，则所有这些职能就都可以收集到新的见解。到目前为止，鉴于 GIS 的复杂性，这些职能并没有获得这种支持。然而，现在，这些制图功能作为新一代电子表格中的内置新功能正首次出现在人们的电脑桌面上。

问题在于，销售和营销数据分析与演示是不是 GIS 的"杀手级应用程序"？如果是，那么企业会开始要求越来越多地使用该软件。ArcInfo 系统太过复杂，需要太多的增值中间商协助才能以龙卷风的速度部署。而 Strategic Mapping 和 MapInfo 这样的公司却将拥有这方面的优势，最终市场上的大猩猩将是其中之一，或是其他某个尚未出现的竞争对手，而不是 ESRI。

如何才能防止犯 ESRI 的错误？答案是，专注于龙卷风，不要把在保龄球道里安身作为一种生活方式。要将保龄球道视为一个阶段——如前所述，在此期间为市场服务，但不要建设一家将自己锁定在这种商业模式中的公司。时刻关注形势，捕捉风向变化。最后，你的龙卷风产品应该是**小于**，而不是**大于**

你的保龄球瓶解决方案集。在创建该产品时，要想办法进行精简，而不是复杂化。

（3）公司落入经常性服务收入的诱惑陷阱中，从未设计过可以摆脱增值服务支持需求的精简产品。

这个原因与前一个原因密切相关，但它所带来的危险非常微妙，需要单独对待。利基市场的解决方案，特别是在一开始，需要大量的**服务**以及**产品**。然而，随着时间的推移，这些服务应该被设计进产品中，以降低完整产品的总成本，并提高其一致性和质量。到目前为止，一切都很好。

然而，当本应将服务设计出局的同一家公司可以因为保持服务而获利时，就出现了一个困难局面，因为服务提供了诱人的利润率。比如说，现在，当产品团队认为公司可以把培训设计出局时，服务团队就会表示反对："我们每天靠这些课程赚1000美元，**不许动它们！**"当然了，产品团队明白他们的意思，所以不会表示反对。把培训设计出局从一开始就不是一个特别令人感兴趣的项目。相反，他们会抓住机会把它设计得更加错综复杂：①因为想要产品变得更强大，就需要完善更多的功能；②因为它使服务人员有更多的工作可以做。功能和服务要求的不断升级将使产品类别永远停留在保龄球道中。

这里的教训很简单：如果你的服务业务提供的利润率既高又可持续，你就很可能会保护它，而不是将它设计出局。只要你能意识到这么做会付出代价就没关系。换言之，你很可能是在以放弃龙卷风市场的机会为代价为这种奢侈做法买单。这并不总是一个糟糕的决定——但它应该是一种有意识的决定。

（4）消费者市场架构不支持保龄球道策略。

保龄球道最大的吸引力在于它能够让新产品类别中的初创公司将其稀缺资源集中在一个相对受到保护的环境中，以发展和完善其完整产品并建立起忠诚客户的大本营。与此同时，该公司也在赚大钱，因为在其目标利基市场范围内，其解决方案的价值可以确保完整产品的价格点远远高于一般规模市场所支持的价格点。但可悲的是，该策略通常不能用来支持**消费者市场**的创新产品。原因如下。

首先，消费者市场与低成本、面向廉价商品的分销渠道紧密相连。这些渠道并不像增值中间商，它们无法拿出必要的、具有针对性的专业知识将全新的完整产品打入利基市场，但这种类型的服务和支持却正是保龄球道市场中的产品所需要的。

其次，消费者市场不能通过几代产品的一系列逐步降价来支持将最初推出时的高价格降下来，但产业市场可以做到。也就是说，在产业市场上，只要能确保投资回报，产品几乎可以在任何价位上获得成功。通过仔细选择保龄球瓶，人们可以从一个对价格相对不敏感的 1 号瓶开始——在这里获得的价值会很高；然后扩展到后续的保龄球瓶——这里的价值虽然没那么高，但是仍然高于一般市场；最终走向龙卷风——在这里，通用用户获得的价值相对较低，但仍然超过了现在已经降得足够低的价格。这种客户可扩展性使得产业市场非常有利于保龄球道策略。

与此同时，消费者市场却不是这样运作的。可以肯定的是，产品可以在技术爱好者和有声望的买家那里开个好头，他们都会以相对较高的价格购买，只是为了成为第一个得到新玩具的人。但在赢得了他们的生意之后，产品就没有了下一个去处。其他所有人都会按兵不动，直到价格点达到该类别产品的典型水平。在很长一段时间内，供应商不断投资，通过让自己承担高昂的成本和不获取回报来降低价格点——例如，光驱市场曾长期在痛苦中挣扎，直到价格最终降到消费者可以接受的水平。当然了，当神奇的价格壁垒被打破，龙卷风来袭时，一切都会变得值得。但是这里没有安全的中间避风港，所以如果你没有把握好时机——事实上也几乎没有任何数据可以帮助你把握时机，你就可能在龙卷风来袭之前破产。

在我撰写本书时，3DO 公司正面临着这样的挑战。它的高端游戏图形功能提供了一个令人兴奋的消费者市场机会，但它在起步阶段是非常昂贵的。由于无法从持续的私人投资中获得足够的运营资本，因此尽管其市场尚未经过验证，但该公司还是不得不上市。现在，它的投资者们都屏息凝神，看公司首席执行官特里普·霍金斯（Trip Hawkins）能否在资金耗尽前启动一场 3DO 龙卷风。

对于某些产品而言，有一种摆脱这种困境的合适方法，即跨越商业市场的鸿沟，然后在价格点降至消费者水平后"走向消费者"，这就是惠普公司的喷墨打印机业务所做的。喷墨打印机一开始是作为小型企业激光打印机的低成本替代品的。这本身就是一种很好的生存方式。可是当它的价格降到 800 美元以下时，它就变成了一种很有吸引力的家庭办公型打印机。当价格低于 500 美元时，这种产品真的开始风靡市场。现在，价格已经降到 300 美元以下，于是它可以作为消费类电子产品销售，可以并入家庭教育娱乐系统，也可以送给离家去上大学的孩子。

结　　论

利基市场营销是一门定义保龄球道期的学问，它一直遭到完全专注于龙卷风期的高科技公司的严重误解。事实上，这是一种令人信服的策略，可以用来应对从鸿沟期向龙卷风期的过渡。具体说来，包括以下几点。

（1）利基市场可以在初创公司及其合作伙伴无法推出通用型完整产品的情况下，**简化完整产品带来的挑战**。这样一来，公司可以立即赢得务实主义客户，而不必等待另一轮发展。

（2）利基市场**在本质上是有利可图的**，因为价值基础定价法是建立在正在被你的解决方案所取代的低效现状所设定的价格点上的。因此，利基市场可以帮助一家刚刚起步的公司实现资金自筹，使其能够更好地掌控进军龙卷风市场的时机。

（3）利基市场**代表了可被捕获的**忠诚客户群体**范围**。这样一来，忠诚客户群体会在即将到来的龙卷风市场事实标准大战中支持你的架构。

（4）利基市场**可以被善加利用**，由一个细分市场的胜利冲击形成相邻细分市场的一系列胜利。如果级联效应足够明显，它实际上是可以孕育出龙卷风的。

众多高科技公司未能好好利用保龄球道策略的原因有很多，其中最重要的一点是它们无法放弃基于研发的产品中心论视角去采取基于客户的应用中心论视角。而后者正是垂直营销所要求的——让自己成为另一个行业市场的附属品，而不是坚持当世人关注的焦点。如果你审视高科技公司领导者的自我架构，你会发现这方面并不是他们的强项。

但这一切与自我无关，这一切只与钱有关。而且不管怎样，短期内放弃令人瞩目的地位只是日后夺回这一地位的策略而已。拥有野心并不可耻，唯一可耻的是没有取得胜利，特别是当胜利可能就在你的掌握之中时。

带着这个想法，现在让我们来看看如何在市场的龙卷风期取得胜利。

第四章　在龙卷风内

有时会有人问我：为什么要称之为**龙卷风**？这岂不是一个极具破坏性的喻义吗？毕竟，那可是所有高科技商业计划所向往的乐土。你就不能用点更吸引人的比喻吗，比如过山车或者是其他某个主题公园游乐项目之类的？我想说，难道你真的对**市场营销**一无所知吗？

好吧，我的想法是这样的。龙卷风一旦发生，就极具破坏性。它会迅速而凶猛地摧毁旧范式。它会利用公司自己几乎都没意识到的力量将公司抛到某个市场位置上。它会将一家公司推上市场领导地位，给它带来巨大收益，同时迫使其他公司扮演次要的替补角色。它迫使人们每周工作五、六、七天，每天工作十、十二、十四个小时，结果却在下周一发现待办事项清单非但没变短，反而变得更长。所有层面的压力都源自要跟上龙卷风的需求，把每一个流程、每一个供应商、每一个员工逼到极限，同时把每一个其他公司都当成竞争对手来对待。在龙卷风中奋斗的唯一回报是权力和金钱，而用不了很多年你就会意识到生命中可能还有比这更重要的东西。

话虽如此，我们总还是必须回到钱的问题上来。如果龙卷风具有破坏性，那么它也具有创造性，会创造出前所未有的新财富。新的财富会带来新的产业、新的工作、新的晋升、更高的薪水和更高的生活标准。对于客户来说，新的基础设施将使他们能够重新定义和重新设计他们的业务，更不用说他们的个人生产力和休闲追求了。因此，生活确实会随着每一次范式转移而前进，我们中也很少有人会在接受了新技术之后又想放弃它。

所以我们不妨说龙卷风是一种不可忽视的力量。它之所以让人觉得如此具有破坏性，部分是因为它发生得太快。所以，我们或许更应该这样问：为什么市场会出现如此巨大的加速？是什么让变革之风将自己拧成了一股龙卷风热潮，而不是让自己变成一股持续稳定的微风？

是什么引起了龙卷风

要了解龙卷风市场的动态，我们必须将视角从**财务型买家**（他们是我们在保龄球道期取得成功的关键）转移到**基础设施**或**技术型买家**那里，他们负责部署和维护我们的基本支持系统。技术型买家负责提供可靠而高效的基础设施，通过这些设施，我们可以进行交易、分析、监控、创造、通信、协作，等等。这些系统永远需要修改，永远无法跟上我们的终端用户的需求。它们从我们这里激发各种反馈，从好奇，到怨天尤人，再到彻头彻尾的争吵，无奇不有。对于 IT 部门而言，这样的一天已经算是很太平了。

接着出现了一种新范式，即一种非连续性创新，它有望解决 IT 部门积压的工作，令终端用户感到满意，并带来一个充满竞争优势的繁荣时代。IT 部门以前也听说过这个。当然，它们有责任去研究新范式，而且它们也很有兴趣这么做，但它们的所有直觉都在告诉它们，现在采用新范式为时过早，离下一次范式转移还早呢。然而，新范式每年都在悄悄逼近。它们该怎么做？

基于一种典型的人类反应，该部门组成了支持小组。IT 专业人士最擅长相互沟通，必要时甚至会跨越公司和行业界限讨论最新技术的影响。这些支持小组因为需要回答一个单一问题而团结在一起：**现在到行动的时候了吗？** 正如我们已经注意到的，作为务实主义者，他们的操作方式就像牧群一样。现在他们开始变得紧张起来，因为空气中弥漫着一种未知的气息。他们应该置之不理还是应该一拥而上？他们焦虑地互相来回看：你在行动吗？他在行动吗？我该行动吗？

如果 IT 人群行动得太快，就会遭受所有早期采用或者说过早采用技术带来的磨难：将宝贵的资源投入系统调试，而过上几年，这些系统在购入时已不需要调试；他们自己得花精力编写内部协议，而这些协议最后会与最终事实标准不兼容；他们还要殚精竭虑运行并行系统，直到新范式足够可靠和强大，能够独自承担负载。如果他们行动得太晚，就会让公司面临竞争劣势，因为他们所在行业的其他公司会凭借更高效的基础设施以更低的成本和更快的速度运营。最糟糕的是，如果他们行动得太迟，就像保守主义者经常遭遇的那样，他们就有可能被困在处于生命终结期的系统中，而随着过去支持这些系统的人员和公司向前发展，这些系统会以惊人的速度变得几乎无法维护。

因此，IT 高管们要不断地平衡阿尔法和贝塔风险，即任何一对彼此成反比的风险。比如说，在这种情况下，阿尔法就是转换过早的风险，贝塔则是转换过迟的风险。在很长一段时间里，阿尔法风险远远超过了贝塔风险，因此牧群很平静。但随着范式转移的临近，阿尔法和贝塔之间的距离也越来越近，这就造成了市场中闪点变化出现之前的不稳定性。换言之，我们已经从**守望龙卷风**时的相对较轻微的焦虑状态（此时各种条件表明有可能形成龙卷风）转变为**龙卷风即将到来**时的高度焦虑状态。此时龙卷风已经在路上了，我们只是不知道它最先会在哪里登陆。

这些龙卷风信号会对务实主义者群体产生影响。作为应对这种紧张局势的一种方式，他们就以下三项原则达成了共识。

（1）到了该行动的时候，大家同时采取行动。

务实主义者希望所有人同时采取行动，以尽量减少行动过早或过迟的风险。当牧群迁徙时，整个行业必须紧随其后，这样就不会有人因为缺乏支持而陷入困境。此外，届时大家采用的任何协议都将成为今后的事实标准。

（2）在我们挑选供应商带领我们走向新范式时，我们都挑同一个供应商。

挑选一个共同的供应商可以确保事实标准有一个明确的参照点，其副效应则是推动该公司成为市场领导者。此外，务实主义者喜欢走常规路线。他们知道在市场领导者那里进行购买总是安全的，总是能得到最好的第三方支持，他们也知道这样一来他们永远都能找到对该项技术有经验的人。

（3）一旦开始行动，越早结束越好。

在进行任何基础设施更换时，我们的目标都是尽量缩短过渡期，以便最大限度减少终端用户受到的干扰及维护并行基础设施带来的压力，更不用说必须在它们之间搭建临时桥梁了。所有人能越早安顿到新家越好。

正是这三项原则结合在一起运作创造出了龙卷风。共同采取行动的原则导致大量新客户同时进入市场，淹没了现有的供应体系。这反过来又导致一些争抢行为，因为所有公司都在争相获得供应商的关注。它们都希望获得同一种产品，因此它们会围绕着一位单一供应商创造出进一步的需求紧张，同时也会引发更多的争抢现象。由于大家都想尽快结束这一切，因此会把行情炒得更加火爆。最后，由于它们相互以对方的行为作为参照，因此就形成了一个反馈循环，把整个市场搅得一片狂乱，以至于一开始的有序迁移迅速蜕变为万众狂奔。

龙卷风的意义

这种万众狂奔带来的市场后果是，几乎一夜之间，需求大大超过供给，出现了大量的积压客户。这种积压产生的金融意义怎么评估都不为过，因为它不仅本身就代表了巨大的销售机会，而且还代表着更大的后续市场机遇。也就是说，由于高科技领域的转换成本非常高，所以一旦客户最终选定了某个特定的供应商，他们就很少会再更换。因此，在龙卷风中获得的每一笔销售业务都应该被视为一笔年金，而在龙卷风来袭的过程中，一家公司能够获得的销售业务总数设定了其用户基数的上限，从而也设定了它未来从该市场获得收入的边界条件。

总之，龙卷风是一个非常重要的时期，同时也会让市场营销部门感到有些困惑，因为市场营销部门一直习惯于将自己对公司的价值定义为创造需求，但是在龙卷风中，公司并不需要这种服务。那么，现在的营销策略应该是什么呢？

简单地说，就是**一门心思地出货**！

不要细分市场。不要定制。不要承诺任何特别的计划。一门心思地出货。这就像捕捞沙丁鱼一样。你不必准备饵钩，你只需要把桶放进水中，把鱼舀上来，然后再回去舀更多的鱼。尽一切可能简化完整产品的创建、分销、安装和采用流程。你能够避免的摩擦越多，能够实现的吞吐量就越大。专注于供应链和质量，以确保在发货的同时不会陷入退货潮。换言之，不要把注意力放在客户身上，要把注意力放在你自己身上。你，而不是客户，才是控制这个市场大门的关键。

在实施这一方案的过程中，各家公司所参与的激烈的客户抢夺大战会让俄克拉何马州抢地热潮[⊖]都显得很斯文。公司会重组市场，权力从服务领导者转移到了产品领导者手中，最终转移到分销渠道那里。保龄球道期建立起来的整个商业秩序都会被摧毁，一种新秩序将被建立起来。

新秩序的意义是什么？要回答这个问题，我们必须展望龙卷风期结束时的光景。届时，典型的市场份额模式将如图 4-1 所示。

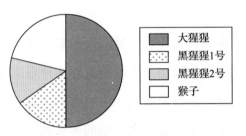

图 4-1　按收入划分的后龙卷风期市场份额

图 4-1 显示，有一家公司已成为市场份额的主导者，软件行业分析师兼 *SoftLetter* 杂志编辑杰夫·塔特（Jeff Tatter）喜欢将其称为"大猩猩"。除此之外，还有一两家公司已成为强大的竞争对手，它们明显处于从属地位，这些公司被称为"黑猩猩"。（特劳特（Trout）和里斯（Ries）在该理念的一个变体中指出，到最后除了一只黑猩猩外，其余所有黑猩猩都会死去，所有市场最终会回归到两种灵长类动物的竞争中。）最后，很多其他公司都被卷入龙卷风需求的旋涡中，以投机取巧的方式寻求分得一小块馅饼，这些公司就是"猴子"。

这种模式是在务实主义客户创造并支持一位市场领导者的欲望下产

生的。如前一章所述，没有这样的领导者，市场就永远不会真正稳定下来，标准将始终具有危险的易变性，长期决策的风险大到几乎不可能让人做出任何决定。因此，务实主义者一定要拥有自己的领袖，而确保这一点能够实现的机制很简单：他们只需确保自己与务实主义同行们在同一家供应商那里购买产品即可。他们通过彼此保持密切的沟通来做到这一点，这反过来有助于解释为什么口碑营销对于高科技市场的领导地位而言如此重要。

现在，一旦务实主义者开始大量购买某家公司而不是另一家公司的产品，这个过程就会自我强化。决策论者称这种现象为**信息级联**。如果你是一个务实主义者，你必须做出一个艰难的决定，你知道很多务实主义者已经面对过这个决定，而且他们中的大多数人选择了 A，那么你也会非常倾向于选择 A。事实上，A 被选择的次数越多，你就越倾向于选择 A，直到这已经不再是一个问题，A 已经变成了**唯一**的选择。

因此，在竞争大猩猩提名的参赛者中，一旦获胜候选人被确定，就很容易看到它是如何迅速甩开其他竞争对手的。但一开始为什么会是它被选中，而不是另外某个如今注定要成为黑猩猩的供应商呢？简单地说，这是因为它恰好在合适的时机拥有市场推动力和领导地位。早一年的话可能是其他公司领先，如果龙卷风是从那一年开始的话，那么那家公司就会成为大猩猩。总之，尽管公司可以做很多事情来增加其作为大猩猩候选人的吸引力，也可以在自己的能力范围内做更多的事情来确保自己能够满足大猩猩选举中的条件，但是在这场比赛中仍然存在着时机和运气的因素。

一旦大猩猩被确认了，龙卷风购买决策的自我强化机制就会确保该公司获得它能应对的所有销售业务。这个数字的上限似乎在 75% ~ 80% ——这是微软在个人电脑操作系统和英特尔在个人电脑微处理器市场中所占的份额。这时，市场开始对别无选择的局面感到紧张，并开始努力支持某些占少数份额的公司或产品，如个人电脑操作系统市场上的苹果公司的 Macintosh 系统和 IBM 的 OS/2 系统，以及英特尔兼容微处理器市场上的 AMD、Cyrix 和 Nexgen 等公司。另外，大猩猩所占市场份额的下限则随着它的出货能力而变化。如果这一下限位于某个临界区间，比如 35% ~ 40%，那么市场就会变得不稳定，因为顶级供应商无法维持足够的领先优势来执行事实标准。这就是阿波罗公司在最初的技术工作站龙卷风中的遭遇，它为太阳公司攫取大奖开辟了道路。然而，在上限和下限之间的任何地方，大猩猩都只需处理销售业务即可。

这些销售业务会像倾盆大雨一样落下来，仿佛整个森林都在下香蕉雨。事实上，香蕉太多了，以至于大猩猩都吃不完。它吃得太饱，到了消化不良的地步，于是不得不留下一些香蕉，让它们成为黑猩猩的食物。黑猩猩是落选的大猩猩候选者。多年之后，你还会发现它们的执行官在街上边走边自言自语："我本可以成为大猩猩的，我本可以成为大猩猩的。"但事实是，它们只是没有在正确的时间出现在正确的地点。因此，它们需要放弃这种自我鞭笞，去把握它们最真实的市场机会，也就是扮演一只更友善、更温和的大猩猩。这只大猩猩会回你的电话，并就价格和可交付物进行谈判，宣称能够提供具有最佳特性的产品（尽管它从来没有最好的完整产品），并且有足够的人员来为你服务。我们不可能都成为大猩猩，但俗话说得好，涨潮时所有船都能浮起来。黑猩猩没理由不能跟着大猩猩一同发迹。

即使在黑猩猩有幸享受完从天而降的香蕉大餐后，剩下的香蕉仍够养活一大群猴子。猴子代表着一种完全与大猩猩和黑猩猩不同的灵长类动物。它们进入市场的时间较晚，那时候龙卷风已经开始了，所以它们没有沉没成本，没有对任何架构的承诺，没有研发，也没有营销投资——它们完全是抱着一种机会主义心态。它们的策略很简单：克隆大猩猩的产品并廉价出售。所有市场都希望有一种低成本的克隆替代品，只要需求超过供应，猴子也会得到很多客户。日本、韩国、新加坡和中国台湾地区等蓬勃发展的经济体都是以这种方式起步的，只要执行得当，这就是一种非常有利可图的战略。

然而，让这种收入份额分配真正变得有趣的是当它与第二个表示**利润份额**的饼图（见图 4-2）相互映衬时。

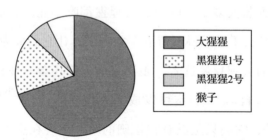

大猩猩
黑猩猩1号
黑猩猩2号
猴子

图 4-2　按利润划分的后龙卷风期市场份额

如图 4-2 所示，当市场稳定下来，龙卷风停止时，也就是说，当市场向主街期转移后，市场领导者在总利润中所占的份额高到不成比例。此外，由于未来的收入和利润在很大程度取决于对安装用户进行的销售，而且大猩猩拥有迄今为止最大的安装基数，因此它通常会在**市场的剩余生命期**中一直享有这一优势！这反映了务实主义客户给予市场领导者的奖赏的重要性，尽管这并不完全是有意为之，但极大地激励了企业去争取这一地位，而客户获得的回报则是市场的秩序和稳定性。

大猩猩的利润之所以如此丰厚，是因为在龙卷风期它有设定市场**参考价格**的特权。所有黑猩猩和猴子要想成功地与大猩猩竞争就必须低于它的价格。它们的价格要低多少取决于市场对大猩猩的完整产品相对于它们的产品所给的溢价。同时，大猩猩的销售额最高，因此它在规模经济的运营成本方面具有同样大的优势。如前所述，最高的价格＋最低的成本＝巨大的利润！其他所有公司的价格必须更低，成本也必须更高，或许它们仍能获得不错的利润，但跟大猩猩相比不在同一级别。所以，大猩猩惊人的利润率并非取决于出色的营销，而是取决于龙卷风市场的运作机制。

注意，这种市场领导地位大奖只会在龙卷风期颁发，因为只有在那时，随着众多新客户同时进场，市场份额才能发生迅猛转移。一旦龙卷风结束，大多数稳定的客户将继续从他们已经选中的任意供应商那里进行购买，新的或可转换的客户数量太少，无法以这种或那种方式显著改变市场份额。因此，只有在龙卷风期，高科技领域的全面市场份额大战才有意义。赢得这场战斗，所有高科技企业就有了自己的财富创造引擎。

20 世纪 80 年代的两场大型龙卷风

在 20 世纪 80 年代，有两场大型龙卷风从根本上改变了计算机行业的力量平衡。每一场龙卷风都有一个显著特性，即会有新的龙卷风从这场龙卷风中顺势而生，于是这两场龙卷风的最终影响都延长至"正常"龙卷风的两倍。

第一场是中程计算机龙卷风。在第一阶段，它围绕着 DEC 和甲骨文公司设定的小型计算机架构发展，前者提供了必要的大型基础设施，后者提供了驱动能量。在目前仍在进行中的第二阶段，甲骨文公司继续发挥着关键作用，但真正的作战行动则在于用基于 Unix 的客户机 / 服务器架构取代小型计算机的专有操作系统，而这一轮行动则促成了惠普公司的崛起。

当然，第二场规模甚至更大的龙卷风产生于个人电脑市场。它的市场规模已经从 20 世纪 80 年代初的几亿美元增长到如今的 1000 多亿美元。在其第一阶段，IBM 公司提供了必要的大型基础设施，而莲花公司的 1-2-3 软件则提供了巨大的初始驱动能量。在其第二阶段，微软和英特尔成为主导企业，没有任何一家硬件供应商与之有可比性，尽管康柏以及戴尔（Dell）在较小程度上已经获得了新的突出地位。

这两场龙卷风都包含了数百家公司之间的无数互动，这些公司各自在市场的多个领域运营了不同年数，其复杂程度难以分析。但退后一步观察，在两场龙卷风中我们都可以看到一种独特的龙卷风在形成——大量新客户涌入，一夜之间催生了全新的产业，并将极少数公司的股东价值推上了最高峰。

DEC 和甲骨文公司

就 DEC 公司的 VAX 产品而言，在其技术采用生命周期的开始，造成鸿沟的非连续性既是技术性的——IT 群体对其操作系统和网络不熟悉，尽管它确实允许他们利用 COBOL 语言知识，也是组织性的——IT 群体很集中，而 VAX 产品是分布式的。因此，在很大程度上，IT 部门（或者是当时所说的 MIS——管理信息系统）直接拒绝认可 DEC 范式。

但是对分布式计算的需求不会减弱。IBM 公司令人信服地证明了计算机数据作为**管理信息**的价值，而部门经理们则正不断受到来自企业员工的打击，因为后者有更好的访问计算机信息的途径。因此，在进行任何未来的公司审核之前，经理们坚持要先拿到自己的报告，这就使管理信息系统中充斥着各种请求，从而产生了管理信息系统任务积压。

在大型机计算的集中范式内部根本没有办法解决这一积压问题。IBM 提出了管理信息系统的概念，以刺激对其大型计算机的更大需求，但最终却制造出一个怪兽，也是一个超大的需求旋涡，从而导致其自身的衰落。这个怪兽需要一个分布式解决方案，IBM 试图用它的 43XX 系列来进行回应，但是运行该系列需要的现场专业知识太多了（它的完整产品实在太过复杂），所以实际上积压问题仍然存在。

与此同时，**的确**有一种分布式计算机越来越符合这个要求，它就是 DEC 公司的 VAX 产品，在某种程度上，还有它的竞争对手推出的或多或少的产品，包括惠普 3000、通用数据公司（Data General）的 Eclipse、王安公司的 VS 系列，等等，还包括 IBM 自己的 AS/400。VAX 产品最初被用于工程部门，没有中央管理信息系统支持，然后它被迁移到工厂，用于 MRP（物料需求计划）和车间控制应用。这两种应用都产生了大量管理信息。于是，一种影子 MIS 组织开始形成，也就是我们后来称之为**部门信息处理技术**的雏形。到 20 世纪 80 年代初，公司管理信息系统之外的专业知识水平已经高到足以让各部门考虑将 VAX 产品在这些部门的使用范围扩大到全面负责整体运营。关系数据库供应商的到来填补了最后所缺的环节之一——一个应用程序开发平台和足够简单的工具，可以让部门人员在独立软件供应商或本地增值中间商的辅助下无须中央管理信息系统的大量支持即可开发出必要的程序。

在这一刻，龙卷风开始了。触发事件或许是甲骨文公司决定开发基于使用结构化查询语言即 SQL（IBM 自己的标准）的跨平台可移植性，作为通用程序接口。这是中央管理信息系统第一次意识到有一种方法既可以维持一种可支持的企业标准，同时仍然允许进行分布式计算，于是最后一道抵制壁垒也被攻破。

甲骨文公司的经验

甲骨文公司利用这场龙卷风赢得了市场支配地位，并在此过程中展示了龙卷风营销的一些基本原则，其中包括以下三项。

（1）无情地攻击竞争对手。

（2）尽一切可能快速拓展分销渠道。

（3）无视客户。

无情地攻击竞争对手

虽然最后一项原则看上去可能有点令人吃惊，但我们马上就会看到，它直接产生自龙卷风营销的动态机制。不过，我们还是先从第一项开始。为什么在龙卷风期**攻击竞争对手**比**为客户服务**更加重要？具体来说，为什么拉里·埃里森（Larry Ellison）曾经要引用成吉思汗的话说，"光是我们赢得胜利还不够，必须打败其他所有人才算数"？

答案是，市场期望大猩猩公司不仅能出类拔萃，而且能雄霸天下——的确，市场要求大猩猩公司这样做。如果大猩猩公司表现出软弱性，市场对它的信心动摇，第三方在它们的忠诚度上有所保留，那么成为一个大猩猩公司的全部意义，即随着市场的发展而设定和延展事实标准，就被削弱了。在混乱的情况下，秩序和安全的首要源泉是中央集权，这正是龙卷风需要和想要大猩猩做到的。因此，正如刚孵化出来的蜂后第一个任务就是杀死所有其他的新生蜂后，大猩猩的任务就是吊打黑猩猩。如果它不这么做，市场就会质疑它是否真的是大猩猩，这可能会危及它的大猩猩头衔。

对于市场上其他不是大猩猩的公司来说，关注竞争对手仍然是当务之急。这是因为龙卷风市场是一个**零和游戏**。我所赢得的每一个新客户都是你的损失——**终身的损失**。也就是说，在未来，他们将成为我的安装基数中的一部分，而不是你的，因此你不仅无法从他们那里获得当前的收入，而且也无法从他们那里获得未来的收入。我们不仅是在为自己，也是在为子孙后代设定疆界。在这种情况下，所有社会组织机构都会产生一个啄食顺序，你在其中的地位越高，你的成绩就越好。击败竞争对手是在啄食顺序中往上推进的唯一途径。因此，竞争对手必须成为你的关注焦点。

不过，在这里同样有必要指出，龙卷风期是**唯**一一个必须击败竞争对手的阶段。也就是说，在其他任何时候，市场都不会像零和游戏那样运作。

- 在早期市场中，竞争几乎不存在。它只在一种意义上存在，即你要与旧的运作方式竞争。当你获得胜利时，没有人会输。
- 在你跨越鸿沟、穿过保龄球道时，你的关注焦点是利基市场，那里的客户在现有范式下长期得不到充分服务。在你出现之前市场不需要他们，所以当你为自己赢得他们时，这对他人几乎构不成巨大损失。
- 最后，一旦龙卷风结束，市场转移到主街，未来的增长将主要来自为自己的安装用户提供服务，而不是靠赢取其他公司的安装用户，因为对大多数客户而言，更换供应商会引起很多的混乱。

换句话说，龙卷风营销是一种**例外情况**。我之所以要强调这一点，是因为所有公司都会提拔自己的赢家，而最大的赢家必然是那些在龙卷风期取得成功的管理者。这些人通常都是极其争强好胜的个体，正是他们的竞争欲帮助他们和他们的公司取得了胜利。对于这样的人而言，要改变自己的风格和关注焦点，他们想都不愿意去想，更不用说真正去这么做了。但如果他们不改变，无法将目光从竞争对手身上移开，重新投放到客户身上——这正是龙卷风消退后真正的行动转变点，那么经营业绩将不可避免地开始变得黯淡。因此，在取得了人人都认可的耀眼成功后不久，高层管理人员发生更替的情况屡见不鲜。

尽一切可能快速拓展分销渠道

甲骨文公司教给高科技营销人员的第二项原则是关于尽快拓展分销渠道的重要性。在龙卷风中，顾客的需求最为强烈，如果你不在那时接受订单，就会有其他人拿到订单。在那一刻你很容易说："那又怎样？我的订单已经满了。"但是请记住，你在这时失去的不是一笔交易，而是一位终身客户。在龙卷风期，你将设定未来十年中你要为之服务的安装用户的规模大小。这就意味着你的产品得出现在每一个它能出现的货架上，让每一个可能的客户能够接触到它。

在小型计算机关系数据库龙卷风期，使甲骨文公司有别于其主要竞争对手 Ingres 数据库系统的是，拉里·埃里森努力推动了 100% 的增长，而 Ingres 却是"接受"了 50% 的增长。为了收获那 100% 的增长，拉里·埃里森很简单地将自己的销售队伍规模每年翻一番。他不要求做预测，他只是命令这么做。为了实现这一目标，他每年都会雇用他能找到的最聪明、最大胆的人员——许多都是刚从麻省理工学院、哈佛大学或斯坦福大学毕业的。他慷慨地奖励赢家，并解雇失败者。不存在客户开发，不存在关系营销。这是赤裸裸的掠夺：在顾客能仔细看清外壳下面究竟是什么之前把东西卖掉，然后一走了之。不要回头，更不要走回去——只管离开，去找下一个客户。

为了进一步凝聚销售力量进行有效出击，甲骨文公司每年都会瞄准一种竞争产品，将其驱逐出市场，有一年是卡里内特软件公司（Cullinet）的 IDMS/R，另一年是惠普公司的 Image，还有一年是 Ingres。销售人员在取代目标供应商的竞争产品包时会获得额外的支持和佣金。随着大量用户已转向甲骨文公司这种口碑报告在竞争对手的安装用户中传播开来，公司的成功势头进一步加强。换言之，甲骨文公司正在利用竞争对手自己的用户群作为口碑传播渠道！而这些用户相互间传递的信息很简单：这些人不友善，但他们是赢家，所以如果我们现在加入这股潮流，而不是坚持跟输家待在一起，我们的日子都会更好过些。

这些做法都没有反映在 Ingres 的策略中。他们是好人。他们说，我们的增长速度不能超过 50%，否则我们就不能充分地为客户服务了。没人能做到。瞧瞧甲骨文公司，它对任何要求、所有要求都满口答应，但却很少或从不兑现。大家都知道这一点。它的顾客讨厌它。它就要撞墙了，它就要内爆了，你就等着瞧吧。我们正在以正确的方式做事，我们将坚持我们的路线。

Ingres 坚信，它正在占领道德制高点，并将得到回报。结果它只对了一半。1991 年，甲骨文公司确实遇到了麻烦，但那已是在关键的市场份额竞争结束很久之后了。那时候，Ingres 已经是一家迷茫的公司，失去了方向感，把自己卖给了 ASK 电脑公司。它简直无法相信发生了什么。这就好像达斯·维德杀死了卢克·天行者，就好像小鹿斑比遇见了哥斯拉。

Ingres，还有当时许多其他公司，所不明白的是，对于务实主义客户来说，在快速变化的市场中，自由的第一要素是秩序和安全，而这只能靠团结在一个明确的市场领导者周围获得。一旦一个明确的未来领导者出现，务实主义者就会支持这家公司，不管它有多么傲慢，它的反应有多么迟钝，或者它的价格是不是定得太高。因此，在龙卷风中，与出去捕获下一位客户带来的奖励相比，客户满意度差带来的惩罚可以忽略不计。

这就给我们带来了甲骨文公司的第三项也是最后一项原则。

无视客户

在龙卷风中，正确的营销策略事实上就是**无视客户**！原因是，在龙卷风期，客户会排队购买热门产品。他们不需要，也不想，**被逢迎**。所以问题不在于创造需求，客户需要，而且想要，**获得供给**。你为限制供应过程的吞吐量所做的任何事情都与此目标背道而驰。这就是为什么亨利·福特（Henry Ford）可以说"你可以拥有你想要的任何颜色的 T 型车，只要它是黑色的"，他说得很对。

可以肯定的是，一旦龙卷风过去了，福特最终会将汽车喷成双色调紫色——如果这是客户的愿望的话。但这并不是龙卷风**期间**市场的需求或客户的愿望。他们只想得到他们的第一辆车，或者他们的第一部电话，或者他们的第一台个人电脑，或者他们的第一台激光打印机。他们想要的是**商品**，所以你必须致力于让他们尽快、尽可能方便，以及尽可能便宜地得到那件商品。这意味着在公司内部你要高度关注你的交付能力，不要让"次要"因素，如个别客户的特殊需求，分散你的注意力。

我们应该审慎而准确地说，在龙卷风期，要无视作为客户的财务型买家和终端用户，完全致力于为基础设施买家提供服务。该买家的动机和你一样，就是快速部署标准产品。相比之下，财务型买家最关心的是投资回报率，而终端用户最关心的是对其特定应用的影响。

记住，在保龄球道期，财务型买家是重要的盟友，公司需要他们在基础设施买家还不愿做出改变时来大力支持"过早"采用你的新范式的做法。他们提供支持的动机是大幅提高某种任务关键型应用程序的性能，该应用程序能够提供非常吸引人的投资利润率（ROI）。然而，现在我们讨论的是对新基础设施的大规模部署。这种部署的正当性很少可以由传统的 ROI 衡量标准来证明，除非你能从非常长远的角度来看待一切。由于幕前执行主管们通常要负责在一年至十八个月内获得积极的回报，因此这时候他们并不能成为很好的盟友。

事实上，所有用于赢得财务型买家对龙卷风期购买业务支持的成本论证行为都纯属虚张声势。这就是不断出现在《计算机世界》杂志中关于客户机/服务器系统隐藏成本的文章背后的含义。唯一在"隐藏"这些成本的，正是一开始承诺会立即节省成本的提议。这就是多年来对个人电脑生产率的研究几乎或完全没有显示有任何回报的原因。基础设施投资对收入有着更为远期的影响。举例来说，直到 20 世纪 90 年代初出现大规模精简，《财富》500 强企业才真正从 20 世纪 80 年代的个人电脑基础设施投资中获得了经济回报。然而，正如这个例子所表明的那样，当一种范式转移的影响已经能够让人感觉到时，它就会产生巨大冲击。

这就是为什么在向新范式过渡前迟疑太久是不安全的，而这也正是基础设施投资最终成为正确战略的原因所在。

综上所述，尽管在龙卷风期加速部署一刀切式的基础设施会让公司远离财务型买家和终端用户，但事实上这确实对客户组织有利，应该得到支持。具有讽刺意味的是，为了获得效率，你必须无视客户，但你所做的这一切却正是为了他们。尽管有许多市场领导者的先例摆在那里，但是你也不一定非得把粗鲁的态度带入一门高级艺术中。同样的策略也可以用很有风度的方式去执行，同时也能对竞争产生同样的破坏性影响。现在，让我们来看看惠普公司的打印机业务。

惠普公司的经验

包括激光和喷墨打印机在内的个人电脑打印机业务从几乎一文不值发展到以惠普公司为首的价值 200 亿美元的产业，虽然这不是近 20 年中最具领导地位的两个龙卷风故事之一，但它依然算是个奇迹。这是因为它代表了美国企业在一场很大程度上属于制造业的竞争中取得的一次早期胜利——这里的赢家本应该是日本公司。这场胜利的惊人之处在于，惠普的主要竞争对手佳能不仅是日本公司，而且还**拥有或部分拥有所有核心技术的专利**！那么究竟是什么让惠普在龙卷风期取得了如此大的成功？

在龙卷风中，惠普向我们展示了以下三大关键策略。

（1）一门心思地出货。

（2）拓展分销渠道。

（3）价格点管理。

一门心思地出货

对于"一门心思地出货"这一目标，惠普开创了一段在质量改进过程中领导市场的历史，使其得以扩大生产规模，首先是激光打印机，然后是喷墨打印机，其间极少出现耽搁。因此，随着需求的持续增长，惠普总是能提供充足的产品。质量和产量在龙卷风期至关重要。如果你的引擎坏了，你就跌出了竞争队伍，这就好像赛车在比赛中出现了机械故障：停站修理会大伤元气。

所有这些听起来似乎很简单，实则不然。你将惠普的表现与 IBM 进行比较会发现，IBM 的问题出在不能供应足够多的广受欢迎的 ThinkPad 笔记本电脑上，还有戴尔公司，它在所属市场的关键龙卷风期根本无法推出任何合适的笔记本电脑，以及软件界的莲花、安信达和微软诸公司，它们甚至无法在宣布目标日期后的一年内发货。

惠普能拥有"一门心思地出货"这一优势，要归功于它的一个企业文化特性，即该企业的文化是建立在共识决策和信任基础上的。前者确保公司内部会进行必要的跨职能沟通，从而确保工作流程稳定、可扩展。后者防止公司内部在取得共识的过程中导致行动瘫痪，因为权力被下放，所以上层共识不会变得让人无法忍受。（事实上，在 20 世纪 80 年代末，惠普几乎在这一点上迷失了方向，它危险地驶向一种过于集权式的矩阵管理方案，但是在休利特（Hewlett）和帕卡德（Packard）两人的直接干预下，它又回到了正轨上。）在打印机部门，这种分权的、以信任为导向的文化的倡导者是迪克·哈克伯恩（Dick Hackborn），他不断地向他的经理们明确表示，他们有责任**并且**也有权力大举进军自己的市场。

最后，"一门心思地出货"策略的一个关键要素是不发生任何退货。例如，你能想象如果一家大型微处理器公司将一个旗舰产品投放到龙卷风市场中，而它却含有一个重大缺陷，接下来会发生什么吗？奔腾的崩溃让英特尔公司减记五亿美元。财捷集团（Intuit）最近也遇到了一个类似的问题，它投放的 TurboTax 产品版本中存在一个可能导致纳税申报表格中出现重大错误的缺陷。财捷集团比英特尔更有风度地承认了自己的问题，但仍然不得不承受这一打击。最后，即使是占尽企业文化优势的惠普也无法避免这个问题。1993 年，该公司的一个喷墨打印机部门将一种新型橡胶辊纳入其纸张处理机制，却于 1994 年发现，这种新型橡胶会在大约六个月后"开花"，向表面排出一种光滑的粉末，导致其无法获得抓取纸张的附着摩擦力。此时，惠普已出货 110 万台。怎么办？惠普的部门管理层在 4 月发现了这个问题后，在 1994 年剩余的时间里每天上午 8 点召开会议，以持续关注该问题。龙卷风期的问题就需要获得这种程度的关注。

拓展分销渠道

龙卷风期的第二个关键策略是拓展分销渠道，以便最大限度地与客户接触。在引进个人电脑激光打印机时，惠普的计算机产品线几乎没有采用过间接分销，尽管它深受欢迎的计算机系列产品确实拥有一些间接分销渠道。只要激光打印机的价格点在 1 万美元以上，这一点就无关紧要，但随着价格下降，或者更确切地说，随着惠普将价格压低至 5000 美元以下，然后是 3000 美元以下，分销渠道就越来越成为关键性成功因素，于是惠普就进入了个人电脑经销商渠道。现在，随着喷墨打印机将个人电脑打印机的价格压得越来越低，先是低于 1000 美元，然后是低于 500 美元，最近已低于 200 美元，惠普仍在继续拓展其销售渠道，首先是进驻电脑超市，然后是办公用品超市，接着是邮购，最近则是加入了价格俱乐部及其他消费渠道。

这里的规则很简单：如果你正处在龙卷风中，就绝对不能让任何货架空着。然而，佳能就是让货架空着。它与个人电脑行业没有打过交道，也没有任何关系，所以不知道在哪里以及如何获得分销渠道。等它终于摸到门道并于 1992 年成立了一个强大的美国销售部门时，已经来不及把大猩猩赶下台了。但是佳能至少有一个借口，即作为一家离岸公司，它在美国市场缺乏分销渠道。另外，它的许多美国供应商主动排除了一些分销渠道，这通常是为维持优质形象和更高价格利润率所采取的策略的一部分。这种策略的结果现在已是众所周知。

如果你拒绝或疏于将你的产品提供给任何渠道，你就会在那里暴露一个毫无保护的软肋。

可以肯定的是，最初这个货架上可能摆满了一些劣质的克隆产品，但随着市场转向越来越低的价位，"平民"渠道的销量开始让"贵族"渠道相形见绌，而现在也正是这些低端玩家占据了优势。这种方法一直是佰德公司（Packard Bell）市场发展战略的基石。最近几个季度，佰德公司在销量上已经上升为个人电脑主要供应商，超过了康柏、IBM 和苹果公司这三位行业传统领导者。

拥有知名品牌的公司不愿意与佰德公司之流为伍，担心这会拉低它们的形象。这就使它们一直守在高端分销渠道的安全范围内，在那里客户能欣赏到它们的"品牌价值"，但这最终导致了一种逐渐退出市场的飞地战略，不可避免会造成野蛮人兵临城下的局面。这是一种战略错误，源自对龙卷风营销的第三个关键策略——价格点管理的误解。

价格点管理

在龙卷风到来之前，市场的价格弹性不大。价值主张要么是基于意见领袖的梦想，要么是基于利基市场。定价可以而且应该是基于价值的——以便基于利润进行优化，而不是基于商品——这意味着基于市场份额进行优化。另外，一旦龙卷风过去了，市场价格就非常有弹性。这是因为在龙卷风期，完整产品变得制度化，接着是商品化，因此定价可以基于商品——一切都服务于迅速扩张的市场和市场份额。从基于价值到基于商品的定价转变发生在龙卷风期，利用这种转变是获得市场份额的关键，特别是在龙卷风后期各阶段。

在零售市场上尤其如此，产品在达到下一个零售价格点时就会引发一股购买热潮，这些新客户此前认为购买价格太高，他们无法接受。在零售业中，神奇的价格数字通常以 99 结尾，如 999 美元、799 美元、499 美元、299 美元和 99 美元（尽管实际数字因产品类别而异，更不用说货币种类了）。梅林信息系统公司（Merrin Information Systems）的西摩·梅林（Seymour Merrin）在该领域为个人电脑行业做了领先工作，帮助高科技公司了解市面价格机制是如何运作的，以及战略价格点接下来可能落在哪里。但这种模式也会出现在产业采购中。当工作站价格低于5万美元以及当工作站价格低于1万美元时，它们的销售量都得到了巨大的提升。

关键是，能够率先抵达下一个更低战略价格点的供应商也能率先攻破一个全新客户群，这些客户渴望在价格降至可接受水平的那一刻进入市场。这会带来新的销售额暴涨，从而扩大该供应商的市场份额和未来安装基数。如果市场领导者已经出现，那么市场可能会等待一段时间，看这位领导者是否会接受新的价格点——但它不会永远等下去。如果领导者对新的价格点置之不理，那么市场就会跟着克隆产品走。教训是很明确的：**龙卷风市场必须得到服务**。这从来不是一个市场**能否**得到服务的问题，而是一个**谁**来为它服务的问题。

教训或许很明确，但关注它则可能是另一回事。获取丰厚利润是一种很难改掉的习惯。当康柏定价更低时，IBM无法放弃丰厚利润；当戴尔定价更低时，康柏也无法放弃丰厚利润。这两家公司后来都改变了路线，但那已经是在听任其核心业务的永久竞争对手在市场上制度化之后。相比之下，惠普却一直在无情地追求下一个更低的价格点，哪怕得割让自己的销售额和利润。正如惠普首席执行官卢·普拉特（Lew Platt）所说的："如果我们不吃自己的午餐，别人就会来吃。"

当市场领导者争先恐后地抢夺下一个价格低点时，他们留给任何竞争对手的空间都很小。基本上，他们会让自己率先进入商品市场，从而巩固自己在市场份额上的领导地位。竞争对手必须指望供应链出现某种小故障，否则就只能靠剩下的一点点市场勉强度日。从较长远来看，竞争对手必须计划退出这场龙卷风，重新进入保龄球道，提供某种可以在领导者势力范围之外开辟新市场的产品。

英特尔和微软的经验

到目前为止，我们已经讨论了在目标客户（无视客户，一门心思地发货）、分销（尽一切可能快速拓展分销渠道）、定价（价格点管理）和竞争（无情地攻击竞争对手）等领域中龙卷风营销所需进行的关键性战略转变。所有这些经验都可以通过关注英特尔和微软公司的做法来获得。

在 1993 年年底，如果你把硅谷前 150 家高科技公司的所有利润加起来，你会发现其中一半是英特尔公司赚的。这会使你得出结论，它是一棵利润丰厚的摇钱树，正适合成为某位勇猛、精悍、低成本的竞争对手的攻击对象。毕竟，它在每一个微处理器市场上几乎都处于垄断地位。那么，它为什么还要惯例性地降价 20% 和 30%？答案很简单：安迪·格罗夫（Andy Grove）先生和他的公司不需要去读一本关于龙卷风营销的书——他们正在撰写一本这样的书。书中的座右铭是：**只有草木皆兵的偏执狂才能生存下去。**

这一点同样适用于微软公司。在美国流传着这样一种说法：在 19 世

111

纪，龙卷风是由一个名叫佩科斯·比尔的人驯服和驱遣的。到了 20 世纪，比尔乘坐龙卷风来到华盛顿州雷德蒙德市[⊖]，继续展示他的才艺。

除了示范上述所有原则和策略外，英特尔和微软还教会我们如何管理完整产品以及龙卷风中的合作伙伴和盟友。这里的基本原则很简单，也很严苛，包括以下三项。

（1）招募合作伙伴，以打造强大的完整产品。

（2）将完整产品作为市场领导者制度化。

（3）通过将合作伙伴设计出局使完整产品商品化。

换句话说，首先你把合作伙伴设计入局，然后你再把它们设计出局！

招募合作伙伴，以打造强大的完整产品。 在保龄球道期赢得胜利的关键是，通过将完整产品交付给精心挑选的目标客户，在大众化的水平市场出现之前开发利基市场。例如，微软在光盘驱动器市场精心培育了合作伙伴，早在 1985 年就开始发起年度会议，比龙卷风真正来袭提前了七八年。如今英特尔公司也在做同样的事情，对象是 PCMCIA（个人电脑存储卡国际协会）卡供应商、并行计算机设计师以及视频点播创业者。

将完整产品作为市场领导者制度化。 如果这些产品中的任何一个被吸入龙卷风中，那么届时的目标就是将你所选择的合作伙伴和你自己制度化，成为提供"基本"解决方案的市场领导者的核心组。在 DOS 龙卷风案例中，最基本的核心组是英特尔的 286 及其后来的 386 微处理器、

⊖ 这是微软美国西雅图总部所在地。——译者注

微软的 DOS 操作系统、莲花的 1-2-3 电子表格、MicroPro 的 WordStar 文字处理软件、安信达的 dBase 数据库、希捷（Seagate）或康诺的硬盘驱动器、惠普的打印机，以及用于文件和设备共享的诺威尔的 Netware 网络操作系统。所有这些公司在 DOS 龙卷风期间都经营得非常成功。

通过将合作伙伴设计出局使完整产品商品化。然而，一旦你赢得了龙卷风中大猩猩的地位，你就得将这同一批合作伙伴设计出局。因此，1991 年，随着业界转而支持 Windows 龙卷风，微软的战略发生了明显的转变。在新的啄食顺序中，英特尔凭借 486 和奔腾微处理器仍然留在竞技场上，希捷和康诺的磁盘驱动器以及惠普的打印机也是一样。不过，莲花 1-2-3 电子表格和 WordPerfect（它在 DOS 龙卷风期间取代了 MicroPro，稍后详述）却被微软设计出局了。

最初会发生这些的原因是莲花和 WordPerfect 听任 Excel 和 Word 在近两年时间里独霸 Windows 市场，它们之所以这么做的原因将在本章后面讨论。现在，当莲花和 WordPerfect 试图用独立替代品来挑战这些产品时，微软已经将竞争环境转移到 Office 自动化套件上。在该套件中，所有领先的应用程序——文字处理软件、电子表格、演示软件、电子邮件和数据库，都被捆绑出售。进行此项购买的客户将不可避免地青睐处于市场领先地位的文字处理软件和电子表格——拥有 Excel 和 Word 的微软便占了优势，而且这也会使套件中包括的所有其他微软应用程序制度化。那些应用程序目前还不是既定的市场领导者，但通过这种相互作用很快就会成为市场领导者，它们包括用于演示文稿的 PowerPoint、用于电子邮件的 Microsoft Mail 和用于数据库的 Access。因此，这些套件不仅将竞争设计出局，而且把竞争锁在了外面。这是一场最为残酷的龙卷风战争。

把合作伙伴设计出局的理由不仅仅在于大猩猩的贪婪。它是完整产品自然商品化进程的关键组成部分。在龙卷风市场中，商品化总是紧随制度化的脚步，将市场已经认可的标准组件集合融合在一起。市场的目标是通过降低成本和消除分销摩擦来为尽可能多的客户提供服务。零部件数量越少，需要获得利润的供应商数量越少，完整产品的定价就越低，分销运作就越可靠，维修服务就越方便。完整产品的这种商品化过程是大众市场的一种基本力量：它**必将**发生，唯一的问题就是你将如何根据它调整你的战略。

现在，随着微软迈向它的下一个操作系统龙卷风——客户机端的Windows 95 和服务器端的下一代 Windows NT，它已经开始着眼于将诺威尔公司设计出局。如果可以将网络操作系统的所有功能构建到客户机 / 服务器标准的两端，那么为什么还需要有个网络操作系统呢？以类似的但也是更为长期的方式，微软有意通过一种叫作 Microsoft At Work 的技术将惠普的打印机附加价值设计出局，通过一种叫作 Microsoft Exchange 的技术将莲花的 Notes（它可以说是刚刚被设计入局的）设计出局，并用一套叫作 Back Office 的产品将甲骨文的数据库设计出局。然而，在每一种情况下，**在短期内**，微软都在与所有这些供应商合作，而这些公司也愿意与微软合作。为什么？

为了钱。与微软的合作让许多公司变得富有，其平台的普及为庞大的基础设施组块创造出弥足珍贵的事实标准。此外，与上述公司规模相当的公司也有将微软设□□□□□□□□□□□□方都会取得一些战果。

另外，如果你□□□□□□□□□□□□在大猩猩还没有觉得应该出手的领域为□□□□□□□□□□□□冒险了。苹果公司已故的让－路易斯·□□□□□□□□□□这种策略称为"在蒸汽压路机前捡一角钱硬□□□□□□□□□□这可以被称为**搭乘他人龙卷风的顺风车**。

很少有公司具□□□□□□□□□有这种影响力的公司的确应该像英特尔和□□□□□□□□局策略来优化这种影响力。其他人则应该□□□□□□□□事实，尽最大努力在外围区域致富。这正□□□□□□□□起诉微软盗用其磁盘空间优化软件后所采□□□□□□□而微软建立了合作关系。正如在影片《教父》□□□□□□□帮歹徒所说的："告诉迈克尔，这不是个人恩□□□□□

在看到一些成功□□□□□□□□风中获胜之后，我们也应该研究一下一些公司□□□□□□□用，所有的财富都在发挥作用，没有什么比功败垂成更遗憾了，但是□事情已经发生过，而且不止一次。下面提到的公司可以为自己辩护的理由是，它们的大多数"错误"在当时看起来更像是"好的商业策略"。因此，作为第一个犯下这些错误的它们并不需要为此感到羞耻，如果我们重蹈覆辙那才叫作可耻。

（1）龙卷风力量之大超过了任何一家公司的控制能力，所以不要尝试去控制它。

如今录像机如此普遍，很难让人想到仅仅 15 年前，它还是一种新事物。当录像机龙卷风启动时，市场领导者是索尼公司（Sony），技术主导则是 Betamax。然而，今天已经没有 Betamax 录像机了。所有的消费者录像机都是 VHS 制式的。为什么会这样？

因为索尼公司试图控制龙卷风。它拒绝将自己的技术授权给其他供应商，这不仅意味着其他录像机制造商被排除在市场之外，还意味着电影发行商只能通过一个门户接触到它的客户。索尼的逻辑是：这是它的技术，它独力完成了所有工作，才使市场发展到这一程度，所以它为什么要与他人分享？而正如我们现在所知道的那样，答案就是：龙卷风市场必须得到服务。

当龙卷风来袭时，需求量远远超过了最初的供应量。当一个供应商采取任何方式进一步限制供应时，它就是在抗击龙卷风，这时市场就会努力绕过它，孤立它，然后把它推出去。这正是其他录像机制造商和电影发行商对索尼做的——不过这也经历了几年的不稳定期，在此期间视频租赁商店只有两种类型的录像机供出租，并有 Beta 和 VHS 两种制式的录影带供使用。

在这段时间里，索尼本可以通过授权将自己从市场边缘拉回来，这不会让 VHS 退出游戏，但却可以让索尼留在竞技场上。可索尼并没有选择这样做。

这同一种模式也在个人电脑行业自动展示威力，当时 IBM 试图通过以可授权微通道（MicroChannel）架构的形式引入一个专有的 32 位总线来重新控制个人电脑龙卷风。康柏领导其他个人电脑供应商发起了一场分离主义运动，推出 EISA 架构，作为一种反标准。最终，这两种标准都没有获胜，务实主义者仍然坚持使用旧的 16 位 ISA 总线，但由于康柏能够对抗 IBM，所以它成为新的市场领导者，这严重损害了 IBM 的声誉。在这次惨败之前，个人电脑都会被贴上 IBM 兼容标签，此后，它们一直被称为 DOS 或 Windows 兼容。

同样地，这种试图控制龙卷风的诱惑也几乎打败了 Adobe 系统。当时它将 PostScript 字体技术授权给第三方，如菲尼克斯（Phoenix）等，但仅限于一定程度。也就是说，它对 PostScript 的实施有三个"级别"，但它只授权前两个级别。随着越来越多的供应商开始依赖于完全商品化的字体标准，而 Adobe 为了获得专利优势试图保留其标准的最后一部分，于是业界就通过 Truetype 和 Royal 这两项竞争字体技术进行了反击。腹背受敌的 Adobe 放弃了最初的强硬立场，但此时其市场声望已经受到了永久性损害。最重要的是，当初正是由于 Adobe 无法对个人电脑行业的商品化需求做出回应，不愿意通过合作寻找方法来消除它自己造成的瓶颈，才给自己造成了威胁。再一次，这里的关键教训是——就像龙卷风中发生的所有事情一样：不要把它当成个人恩怨。这一切只是龙卷风市场的力量在自行发挥作用罢了。

既然龙卷风**必须**得到服务，那么正确的策略就是先发制人，率先去为它服务。这就是最初的 IBM 个人电脑战略表现极其出色的地方。它创造了一个克隆市场，使 IBM 架构制度化，然后商品化，为 IBM 以及其他许多公司创造了巨大的财富。在这种情况下，整个行业都有必要维持现状，包括维系市场领导者的地位。遗憾的是，IBM 未能像微软和英特尔那样有效地实施这一战略的后续举措。回想起来，IBM 似乎是被低利润率吓坏了。惠普在其打印机业务中最重视的教训是，低价格和低利润率能够扩大地盘，而为龙卷风服务的正确方法就是将价格和利润率拉得更低。

（2）在龙卷风期不要引入非连续性。

无论你在进入龙卷风时采用的是什么样的产品架构，也不管它有什么样的局限性，你都必须在此期间坚持使用它。WordStar 的命运就说明了一切。

当个人电脑龙卷风来袭时，三种软件产品立即被制度化，成为市场领导者，它们分别是：莲花公司的 1-2-3 电子表格、安信达公司的 dBase 数据库和 MicroPro 公司的 WordStar 文字处理软件。这三家公司在早期 DOS 市场上的份额都超过了

50%。然而几年后，在没有发生任何市场范式转移的情况下，WordPerfect 竟然飞速超越 WordStar，永远夺走了它的领导权。

　　鉴于主流市场为市场领导者提供了一系列显著优势，人们对此的第一反应就是说：**这是不可能的**。事情是这样的。在龙卷风爆发之初，一旦 MicroPro 公司发现自己在文字处理软件领域占据了市场领先地位，它就立即将所有的研发精力集中到其他领域。为什么？因为当时的传统观念认为，作为一家公司，你不能只有一个产品。顺便说一句，莲花公司和安信达公司当时也在做同样的事情。这三家公司花了数以百万计美元去追逐它们真正擅长把握的商机以外的任意商机。

　　然而，MicroPro 公司和它的同伴之间的区别在于，当 WordStar 受到强大的新产品入市挑战时，它出问题了。它没有像莲花公司和安信达公司那样，走"升级"现有产品的道路，而是选择从另一家供应商那里购买一个代码库，并推出一个全新产品，该产品名为 WordStar 2000，它远远优于 MicroPro 在公司内部使用的任何产品。然而，虽然这个新产品拥有诸多优点，但是它有一个致命的缺陷：它的文件格式与 WordStar 不兼容。

　　结果，MicroPro 公司的客户要被迫面对另一种**非连续性创新**——基本上等于一个新的技术采用生命周期。这些客户继续拥护他们的市场领导者并不会给他们带来任何好处，因为无论如何，他们都将付出转换成本。这意味着之前的所有赌局都被取消了，而 WordStar 2000 虽然没有被排除在选择之外，但也没有被自动包含在内。此外，WordPerfect 一直在积聚势头，因此它看上去越来越像是一种更好的选择。随着一场龙卷风来袭，这要求几乎每一台个人电脑都必须拥有一个文字处理系统，人们很快就做出了购买决定，当他们投向 WordPerfect 的怀抱时，MicroPro 公司已经没有时间也没有办法自我恢复了。

我们现在知道，在此类情况下，正确的策略是继续使用旧的产品架构，不管它的界面和性能有多么过时，我们至少要能够保持已安装产品的向后兼容性。这就是 Windows 为 DOS 做的事，是 IBM 的 AS/400 在它的龙卷风期为 System 38 以及非常吃力地为 System 36 做的事，也是英特尔用 386 微处理器为 286 系统做的事，尽管为此它要进行一些相当古怪的架构扭曲。

这里最基本的原则是，连续性创新有利于市场领导者，而非连续性创新有利于市场挑战者。如果你正在龙卷风中占据优势地位，你就得让市场保持连续状态。即使你不是处在大猩猩的地位，只要你仍然在盈利，你就应该让市场保持连续状态。只有当你不是赢家，并且认为自己可以在未来的龙卷风中成为赢家时，你才应该选择非连续性创新。

（3）龙卷风会将服务设计出局，而不是设计入局。

在这场持续的个人电脑行业龙卷风中，最大的受害者可能是个人电脑经销商，包括一些曾经高歌猛进的公司，如 Computerland 和 Businessland。龙卷风期每一年的销售会进一步使个人电脑解决方案集商品化，将对专业知识的市场需求设计出局，而这种市场需求是这些经销商的业务支柱。它们靠提供专业知识服务赚取所需利润，但这一获利途径遭到了致命的破坏。

在生存接近尾声之际，Businessland 为让自己转型成为一家商业服务提供商而进行大力宣传。其策略是在产品销售上实现收支平衡，在服务上赚取利润。在龙卷风晚期或是在主街期，这种应对方式并不罕见，此时商品化进程已经侵蚀了利润空间，许多大型计算机和小型计算机公司采取的战略是让自己转变为系统集成商。遗憾的是，这样做效果不是很好。商品化的全部目的是让新的市场价格点成为可能，而市场很不愿意把那些辛苦挣来的钱返还给任何一种类型的服务。

无论如何，Businessland 的策略失败了，许多个人电脑经销商的策略也失败了。市场现在基本上支持三种客户接触机构：在商品化竞赛中获胜的**超市**，通过为尚未屈服于商品化的利基市场需求找到解决方案、在高附加价值服务竞赛中获胜的**精品增值中间商**，以及已经从待客上门式店面零售转变为主动出击、向工商企业进行销售的**传统个人电脑经销商**。成为这三者中的任何一种，都是可持续的龙卷风策略。唯一不可持续的策略是充当已经被公认整合完毕的事物的"整合者"——这种策略是在对抗龙卷风。

（4）别把赌注押在阻止龙卷风上。

20世纪80年代后期，个人电脑市场正经历一场危机，因为操作系统标准首次受到威胁。最初所有人都确信新的标准会是 OS/2，但后来情况越来越倾向于 Windows。不得不为两个而非一个尚未成熟的操作系统进行开发，给独立软件供应商带来了巨大的资源压力，包括莲花公司和 WordPerfect 在内的许多公司选择只支持 OS/2。

在一段时间内，这是一个不错的策略，但随着 Windows 系统市场地位的提高，两家公司都没有通过转变开发工作的方向来做出回应。最终，这使得微软在 Windows 应用市场的文字处理和电子表格领域占据了两年的优势。事实证明，这么长时间足以让该公司在这两个类别中夺走大猩猩地位，WordPerfect 对此束手无策（因而被诺威尔收购），莲花公司则深受重创。那么这两家公司怎么会听任这种事情发生呢？

因为两家成为牺牲品的公司都否认龙卷风的到来。它们策略背后的逻辑很简单：如果将领先的文字处理软件和电子表格移植到 Windows 中，我们就需要做大量的开发工作，而且将落后于微软；如果我们不将我们的软件移植到 Windows 中，坚持 OS/2 是正确的标准，那么 Windows 作为一个完整产品将是未完成的，市场将迫使微软转向 OS/2，到那时我们将占据领先地位。

这一策略在一段时间内很有效。尤其是，Windows 2.2 在市场上出师不利，因为 OS/2 1.1 至少代表了一个完整产品，也因为 Windows 不受莲花公司或 WordPerfect 的支持。有两个如此强大的候选者在为成为市场唯一主导标准而竞争，务实主义客户不确定谁会获胜，所以他们做了所有优秀的务实主义者在这种情况下都会做的事——等待。

可是截至 Windows 3.0 出现，已经有一段时间情况很明显，绝大多数独立软件供应商都将围绕着 Windows 而不是 OS/2 结成同盟，而且微软在文字处理和电子表格领域提供了非常强大的产品。此时，莲花公司和 WordPerfect 抱着徒劳的希望坚持它们的策略。它们否认龙卷风到来是因为它们不希望它到来。心理学家告诉我们，否认策略永远不可能成功，并且会在失败时让你付出惨痛的代价。

假设你拥有大公司的资源，那么获胜的策略就是在任何开放系统竞赛开始时分散你的赌注，然后随着时间的推移，把它们从输家转移到新兴赢家那里。也就是说，一旦你看到一个替代方案落后了，就立刻停止下注，然后将该资源重新投资于一个即将获胜的方案。这种策略之所以有效是因为在龙卷风中，发现输家比挑选赢家要容易得多。你只需要持续做这种减法，直到只剩下一个项目为止。但是绝对不要让自己成为一厢情愿的牺牲品。不要**赌博**，只管分散下注，接受损失（并拿上赢来的钱），然后继续前进。

最后，如果你没有这种资源，也负担不起同时给许多马匹下注，那么这整桩事情很可能就构不成任何问题了。可以肯定的是，如果下错赌注，你会错过龙卷风平台，但考虑到你的规模，无论如何你都不太可能变成大猩猩胜出。因此，错过龙卷风对你来说不是什么灾难。事实上，这可能是一种变相的好处，因为在一个更小的池塘里，你尚有可能成为一名市场领导者。

苹果公司的 Macintosh 战略在龙卷风期是一个错误吗

一直以来，硅谷最热门的室内消遣之一，就是对苹果公司的 Macintosh 战略进行事后评判，可以说从该战略启动之日起就是这样。许多人会争论说，这确实是一系列龙卷风期的错误，但我却想用相反角度的论证来结束本章对龙卷风期策略的全部讨论。

首先，让我们弄清楚苹果公司的策略究竟是什么。苹果公司选择不去试图阻止个人电脑龙卷风的发展，不去挡它的道，但同时也不直接参与其中。相反，它成为市场上唯一一家决定与 IBM 不兼容的重要供应商。此外，尽管它曾多次考虑过这样做，但它从未对其操作系统软件进行过授权，直到 1994 年，那时个人电脑龙卷风早已过去了。相反，它决定采取提供更高附加价值的方法来发展市场。

在龙卷风中这样的策略会产生什么后果？根据模型预测如下。

- 你将卖光你能制造出来的一切。龙卷风中的每一位供应商都是这样的，所以你应该也不例外。
- 你将获得惊人的利润，因为你不仅在销售热销产品，而且还在此之上增值。

- 你将在龙卷风大战中输给某个对手，它正在采用低端道路营销策略：商品化和一门心思地出货。

- 随着这场市场份额之战变得显而易见，随着另一家公司不断获胜，你将被赶出龙卷风，并被标记为利基市场玩家或高端玩家。

回想一下，这似乎就是苹果公司在个人电脑革命期间的遭遇。苹果公司是第一个进入作为产品类别而非市场类别的个人电脑市场的，至少对商业领域来说它不是市场类别。那么苹果公司为什么未能成为商业大猩猩？

当时，只有一家公司获得了市场许可，可以发起一场商业客户龙卷风并成为市场领导者，它就是 IBM。也就是说，在 20 世纪 80 年代初，没有人能想象主流计算机市场会不是由 IBM 领导和支配的，所以每个人都在等待自己的 IBM 个人电脑。IBM 最后的确进入了该市场，并且从一开始就把苹果公司远远甩在身后。苹果公司对这一切无能为力，所以在我看来，苹果公司从这场龙卷风中脱身而去，在图形、商业演示、家庭和教育等领域确立了强大的利基市场领导者地位，这是非常明智的做法。因此，虽然 IBM 兼容机可以占据整个个人电脑市场 80% 以上的份额，但是苹果 Mac 电脑却可以在其利基市场上占据相应的主导性市场份额。

问题是，这样做，苹果公司究竟是赢了还是输了？我会说，从它手中的牌来看，它是在用正确的方式打牌。我还认为在接下来的一轮竞争中，苹果公司采取的行动也是正确的，当时市场实际上正在通过采用 Macintosh 图形用户界面标准向苹果公司靠拢。在这个节点，至少从理论上说，苹果公司有机会阻截 Windows，或者至少可以通过广泛授权其 Mac OS 软件来削弱其影响力。许多分析师认为，如果这样做，它就可以为 Macintosh 兼容系统创造大得多的安装基数，这样那些一直对 Macintosh 怀有特殊感情的独立软件供应商会有更多理由为这个平台开发软件。

虽然今天有很多纸上谈兵者在指责苹果公司没有采取这一行动，但是根据龙卷风理论预测，这么做不可能取得预期效果。微软作为 DOS 系统的市场领导者，只要在向图形用户界面发展的过程中保持用户已安装产品架构的向后兼容性——也就是说，只要微软不强迫其现有客户承担切换成本，它就永远不可能被取代。苹果公司无法做出任何可比的许诺，因为它与微软不同，它永远无法控制 DOS 标准。

更有可能的是，苹果公司的最终结局会像精简指令集计算机（RISC）的微处理器供应商（如太阳公司和惠普公司）试图围绕其架构构建的市场联盟一样。Solbourne Computer 曾是太阳操作系统最著名的授权商，现在它已不再是计算机制造商，而惠普 PA RISC 芯片的两大授权商三星（Samsung）和日立（Hitachi）尚未将任何重要产品推向市场。与此同时，这些努力消耗了大量的营销资源却收效甚微。考虑到这一切，苹果公司的最好举措可能就是尝试提起诉讼，可是当这一尝试失败后，苹果公司就被更加严格地限制在其利基市场地位上。

现在第三次机会出现在苹果公司的地平线上，第三次龙卷风即将来临。这一次，苹果公司是创造该市场——家用电脑市场的最大功臣。那么在这一轮角逐中这家公司的竞技方式会有所不同吗？随着 Windows 的各个版本相继推出，苹果公司在图形用户界面方面的优势进一步减弱，但它在即插即用集成方面仍然具有显著优势，因为它拥有由自己控制的专有系统架构，这应该可以在争取家庭消费者满意度的战斗中成为一个主要的竞争优势。此外，与竞争对手相比，它的市场营销更受消费者的喜爱。该公司能利用这些优势获得可持续发展吗？

就我而言，很难看出它如何才能做到这一点。独立软件供应商对微软的架构过于执着，无法向苹果公司提供所需的支持。它们对微软的忠诚不一定是出于爱，而是出于对安装基数、分销渠道期望以及纯粹的现有市场规模的承诺。没有这些软件供应商的忠诚，任何硬件供应商都无法兴旺发达。迄今为止，苹果公司之所以成功，是因为它通过不断在创新方面超越微软、IBM、康柏联盟，激发了独立软件供应商的灵感，也是因为迄今为止，它是唯一一家对美学表现出哪怕只是适度欣赏的大型个人电脑公司。这些是不应低估的重要优势，尤其是在美国国内市场。但现在，它的竞争对手正在吸取这些教训，而苹果的地位正日益遭到威胁，因为它不得不在整体市场份额大战中让步。它似乎总是陷入边打边撤退的境地。这是未能赢得龙卷风大战的痛苦代价。这里的教训是，一旦像微软或英特尔这样的大猩猩企业联盟形成了，黑猩猩的日子会越来越难过。

苹果公司的胜利方案会很像英国在第二次世界大战中的战略。由于拒绝与黑暗势力合作，它现在需要找到一个比对手更强大的盟友，一种更新颖、更足智多谋的力量，将之引导到家用电脑大战中。这个盟友不可能来自计算机行业，但可以来自电信、娱乐、出版或摄影界。今天，尽管有各种各样关于发展方向的声明，但这四个领域都是雷声大雨点小，但是在苹果公司的领导下，情况可能会发生改变。无论如何，苹果公司的加入至少会创造出一种结果不是预先确定的竞赛。苹果公司已经有很长时间没有看到这样的机会了。

简要总结：龙卷风期对比保龄球道期

本章中最重要的教训是，龙卷风期的策略中的关键成功因素与保龄球道期截然不同。因此，那些在保龄球道期赢得了辉煌胜利并固守其迄今为止一直很成功的运营模式的公司，注定会成为龙卷风期的二线玩家，并随着市场向前发展而扮演越来越边缘化的角色。

表 4-1 是对保龄球道期和龙卷风期关键对比项的简要总结。

表 4-1

保龄球道期	龙卷风期
关注财务型买家和终端用户，在销售周期后期接近基础设施买家	无视财务型买家和终端用户，只关注基础设施买家
将投资回报率作为令人信服的购买理由加以强调	无视投资回报，全力以赴，及时部署可靠的基础设施
针对某种单一应用让你的完整产品与众不同	将你的完整产品商品化以满足通用需求
与增值分销渠道合作，确保定制解决方案的交付	通过低成本、高体量渠道的分销确保最大的市场敞口
用基于价值的定价方式实现利润率最大化	用基于竞争的定价方式实现市场份额最大化
避免为获得利基市场份额进行竞争	积极竞争以获得大众市场份额
将你的产品定位在垂直细分市场内部	将你的产品水平定位为全局基础设施

以上比较结果清楚地表明，对于市场在技术采用生命周期中处于什么阶段，管理层达成共识是绝对必要的。我们将在下一章末尾看到龙卷风期和主街期之间的一组类似的比较。没有达成共识，各部门和各工作组就会打着相反的旗号向前推进，互相抵消对方的工作效果，到处制造混乱，市场反馈信息也无从解读。相比之下，任何方向上的共同努力，即使是错误的方向，也能迅速产生积极结果，要么是立即取得胜利，要么是经过纠正，最终取得胜利。

因此，我们应该拥有一种获得共识的良好机制，本书将提供一个。不过，在讨论它之前，我们需要先讨论技术采用生命周期第三个也是最后一个转折点，即从龙卷风期到主街期的过渡。

第五章　在主街上

当多萝西走出龙卷风，来到奥兹国时，她出人意料地接受了自己的新命运。经过短暂的调整之后，她沿着黄砖路出发了。这种随机应变的能力太令人佩服了！但愿我们的高科技公司也能表现出这样的勇气！

遗憾的是，当走出龙卷风时，它们会处于拒绝接受这一现实的状态。这也难怪。向主街期的典型过渡都是以灾难性的方式开始的，它表现出以下一个或多个特征。

- 预期收入和利润严重下滑。
- 收益和一两年前一样。
- 管理人员大量流失。

- 股价大幅下跌。
- 股东提起诉讼，诉讼将在庭外解决，这会进一步消耗已经被滥用的资本存量。

欢迎来到主街。此时，你的客户讨厌你；你的员工精疲力尽，士气低落；你的管理团队最擅长的是政治内讧；华尔街对此毫无头绪；你的银行家要找你谈话。**而你是赢家！**

为何灾难如此深重

我们要立刻澄清一件事情：龙卷风结束的速度不会比开始得更快。事先总是会有很多预兆，问题是我们把它们全都忽略了。我们只是一个劲儿地往前冲，结果呢？头破血流。

我们为什么要这样做？就和许多考虑不周的行动一样，这是因为在当时这似乎是正确的做法。考虑一下整个环境。在过去四年左右的时间里，我们一直是一个以每年100%或更高速度增长的组织的一部分。我们并没有采取任何额外的刺激措施，但市场的需求声可谓沸反盈天，于是我们不断鞭策自己，让自己的销售量和出货量超过竞争对手。

每个人都在肾上腺素的刺激下狂奔，而秀肌肉式的管理方式则是获胜的法宝。如果你说你可以卖出200%的定额，我就说我可以卖出300%——我跟你赌1000美元，到时候在吉隆坡的总裁俱乐部碰头。这是一种竞争精神，它就像一种药物，或者更可能是一种激素。它会进入你的血液，让你看不清楚眼前的情况。因此，当经济增速放缓的最初迹象开始显现时，你会视而不见地闯过去。只有强者才能生存。人定胜天，别害怕，想做就做，去争取胜利。

在一段时间内，这种方法比人们预想的要好得多。任何市场通常都有足够的松弛度来奖励一次甚或两次破釜沉舟式的努力。但随后信号开始变得越来越强，以至于我们都能看到它们了。但是我们怎样才能离开这个旋转木马呢？谁会率先离场？现在的问题是，所有那些秀肌肉式的口号仍然在我们的耳边回响，我们没有办法在撤退的同时还保有面子。这样一来，由于保有面子比赢得胜利更重要（这是所有秀肌肉式策略的根本性弱点），所以我们无论如何都要向前冲。

这已经够糟了，但情况只会越来越糟。随着季度末或财政年度末逐步逼近，我们开始对入账采取更"激进"的态度。年终销售额会在"12月38日"入账。未来的承诺被记录为当前收入。来自间接渠道的销售额仍然会受到退货的影响，但却像销售已经完成一样入账。这种做法有时被称为**"可疑的会计做法"**。当然，现在我们不仅仅是想在同人面前挽救面子，我们更是在努力挽救华尔街的股价，但这当然是一场注定会失败的战斗。华尔街将我们视为一只超高速增长股，这使我们的估值飙升。现在超高速增长正在停止，龙卷风即将结束，对此我们无能为力，所以我们的估值一定会下降。试图人为地让估值居高不下是一场注定要失败的游戏——你最多只能推迟不可避免的事情，而且每次推迟的代价都是让最终的崩溃变得更具灾难性。

所以，这一切灾难迟早都会到来。当它发生的时候，辞职潮必定而且确实会随之而来，以一种类似"水门事件"的方式展开，而每个人都试图以模棱两可的方式拖延时间。最后，可以肯定的是，大出血会停止。然后，人们开始收拾残局，高科技企业将戒掉超高速增长的毒瘾，取而代之的是被其他行业视为常规的商业准则。但在这么做的时候它们是垂头丧气的。一旦有新的龙卷风迹象出现，它们就会立刻上路，重新跑起来。

换言之，我们永远都不会吸取教训。关于主街，这就是来自硅谷的最引人瞩目的结论——不是说我们有什么诀窍想要传授，而是想说高科技企业与其他商业部门不同，它们无法在主街这一区域繁荣发展。原因在于，快速变化会削弱主街的正常活力，但快速变化却是高科技的精髓，这就使其经济方面的吸引力远低于正常水平。这一切反过来又导致整整一代执行官在商业规划上采取了反主街的做法，取而代之的是对永不休止的龙卷风的憧憬。毫无疑问，这一愿景是有缺陷的，最终，技术型企业要想保持繁荣，就必须与主街和平共处。本章的目标就是促进这一进程。但是，在着手纠正我们的路线错误之前，我们需要理解我们最初为什么会犯这些错误。

被破坏的主街

高科技的基本定义要素是，它的所有产品都位于一个不断升级的性价比引擎之上，这个引擎被称为半导体集成电路。正如我们在第一章所指出的，20 世纪 70 年代，该项技术的性价比每 10 年上升一个数量级。20 世纪 80 年代，性价比的升级速度变成每 7 年上升一个数量级。20 世纪 90 年代，每 3.5 年上升一个数量级，而且这个时间仍在被压缩。以同样的价格获得 10 倍性能，10 年里会发生 3 次！把它应用到你的新车上，这意味着它可以以每小时约 8.8 万公里的巡航速度、用一箱汽油行驶 56 万公里——也就是说，这种速度的性价比升级的其中一个优势就是，你永远也不需要购买汽油了。

半导体芯片是高科技神灯中的精灵。它似乎满足了我们的每一个愿望，或者至少下一个版本会做到。但在这里，我们应该注意歌德的著名警告："注意你年轻时许下的愿望，它们可能会在你中年时实现。"如果说无止境的性价比升级来得越来越快，就好像梦想成真一般，那么这也可能是一场噩梦。原因如下。

如前文所述，性价比升级刺激了一系列不可阻挡的范式转移。每当塑造当前范式的潜在约束被消除时，其策略方面的折中设计方案就会过时，新一代功能会被启用。无论供应商在旧范式下的地位有多稳固，它们都必须转向新范式，否则就会面临一大群新竞争对手的攻击。大家没有时间在主街上安顿下来，繁荣发展。相反，我们会发现自己生活在"龙卷风馆"中。

因此，同样是半导体引擎，它在让高科技行业作为一个整体成为一种充满活力和稳定的经济组织的同时，也会损伤组成该组织的各个公司。如果龙卷风不断席卷全城，你就根本无法建立长期的主街特许经营权。难怪高科技市场在不断调整其权力结构。随着炙手可热的新公司搭乘性价比曲线上的每一波新浪潮闯入，市场必须重写它似乎在几分钟前刚刚制定好的规则。

所有这一切都导致一些高科技产业领导者信奉一种完全避开主街的市场开发理念，它遵循的是以下路线。

这是通往天堂的阶梯吗

毫不奇怪，高科技产业增长模型的基础就是技术采用生命周期，但它却被可视化为 S 曲线而不是钟形曲线，如图 5-1 所示。因此，它用累计收入而不是当前收入来描述市场增长，但指向的却是完全相同的现象。它看上去颇似微积分的积分符号，其底部曲线等同于早期市场、鸿沟以及保龄球道，这些阶段收入积累缓慢；其急剧上升的曲线等同于龙卷风，该阶段收入增长迅猛；其顶部曲线等同于向主街的过渡期，该阶段新收入积累速度下降。

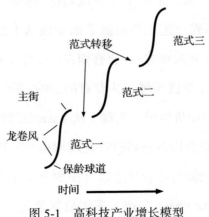

图 5-1　高科技产业增长模型

该模型有低估前龙卷风期风险和后龙卷风期回报的倾向，但它不难引起人们对龙卷风本质的关注。而且，在我记忆所及的范围内，技术营销一直认为，当一家公司到达一条 S 曲线的顶部时，它应该预期会过渡到下一条曲线的底部。

有些人可能会把这称为用海马形曲线搭建一部阶梯，我认为这是在**制定龙卷风时间表**。这么做不仅过于自以为是，而且绝对徒劳无益。或者更确切地说，它对于高科技行业作为一个整体是有用的，甚至对该行业的少数几家特别幸运的核心公司是有用的，但是作为一项针对公司的战略，除了那些受上天眷顾的少数几家公司之外，其他任何公司都无法操作。让我们来看看原因。

事实上，能够始终如一地创造这一奇迹的公司都是业内知名的固定设备企业。英特尔成功地用它的 8086 架构系列使 S 形阶梯制度化，而微软也成功地通过从 DOS 过渡到 Windows 实现了龙卷风跳跃。此外，苹果公司成功地将 Apple Ⅱ 升级到 Macintosh；IBM 超越自家的大型计算机，启动个人电脑革命，推出了非常成功的 AS/400 系列；DEC 公司从 PDP 转换到 VAX 系列；莲花公司似乎成功地从 1-2-3 过渡到 Notes（尽管两者之间有些不稳定的地方）；惠普则在两个完全不同的领域完成了这项工作——在小型计算机领域，从专有的 3000 系统转换到开放的 9000 系统，在个人电脑打印机领域，实现了从 LaserJet 到 DeskJet 的过渡。

但是，当我们调查所有在高科技领域取得过一次并且是唯一一次巨大成功的公司时，我们会痛苦地想起有多少公司未能成功利用新的范式转移，它们中有 Four-Phase 公司、通用数据公司、Prime 公司、王安公司、卡里内特软件公司、梅思安公司（MSA）、McCormack & Dodge 软件公司、Ross Systems 公司、天腾电脑公司、Britton Lee 公司、天睿公司（Teradata）、Cray 公司、宝蓝公司（Borland）、安信达公司、WordPerfect 公司、Software Publishing Corporation 公司、Osborne 公司、雅达利公司、Coleco 公司、康懋达公司（Commodore）。一些今天非常强大的公司也没有做到，至少目前还没有，它们中有太阳计算机系统公司、诺威尔公司、赛贝斯公司以及戴尔公司。

当一场游戏会产生如此少的真正赢家和如此多的潜在输家，而且输家的水平又是如此之高时，这只能意味着它是一种糟糕的游戏。我认为，没有一家公司能指望所有这些过渡期都会对其有利。这就像把商业计划建立在通过彩票中奖获得资金的基础之上，而且得是**反复中奖**！我们迟早会被弃于危难之中，与变化脱节，最终被抛在一边。很简单，我们的业务必须有一个更安全的基础。

主街市场的发展至少部分解决了这一问题。在过去的 20 年里，高科技营销早在下一场龙卷风到来之前就已经火速离开主街，浪费了大量资金。在某种程度上，这种做法基于一种错误的观念，即主街等于低利润率商品市场，而本章就是要消除这种观念。在某种程度上，这种观念源自后龙卷风时期公司组织的不成熟，以及公司组织无法接受以不够辉煌的增长速度向前发展。

但是，这些壮志凌云的公司组织必须明白，主街和其他任何阶段一样，是生命周期中自然而合理的一部分，在这里陷入否认心态所付出的代价就和在其他阶段一样高昂。当市场给予你主街的机会，而你却没有利用它时，你就会失去循环进入下一轮龙卷风的最佳资金来源。

与此同时，技术领域以外的分析师必须认识到，除非半导体性价比的飞速升级趋势停下来，否则就不可能有长期稳定的主街市场。在撰写本书时，尚无法预测这样的端点。因此，要在主街上安居乐业的想法也必须消除。

我们需要的是一个合理的模型，用来实现过渡，扩展特许经营权，同时又能让我们时刻关注下一波浪潮。以前我们从不需要这样的东西，至少不是在这样的速度和强度水平上，所以，现在，在经历过所有这些事情之后，硅谷总算有一些独特的经验可以传授给世人了，这些都是我们亲身获得的教训。

主街的基本要素

当疯狂的基础设施更新浪潮开始消退，新的范式开始站稳脚跟时，主街市场就开始启动了。核心商品的消费继续以惊人的速度增长，但现在供应再次超过需求。事实上，它已经**大大超过**需求了，因为只要市场供应不足，该行业就会**大举提高**产能，从而造成痛苦的过剩，导致我们已经预料到的混乱和残酷的竞争。

在供过于求的情况下，购买的权力又回到了客户手中，供应商必须再一次为自己的业务展开竞争。这种竞争有两种形式，一种是以基础设施购买者为重点的价格竞争，另一种是以终端用户的利基市场为重点的价值竞争。换言之，如图 5-2 所示，主街具有两面性。

图 5-2 主街市场机会

在商品市场方面，单位交易量继续增长，但价格下跌使净收入持平。即使是拥有先进技术的产品也会受到这种持平化的影响，技术工作站行业很容易证明这一点，它们 1993 年和 1994 年的单位交易量增长率在 30% ～ 40%，但收入增长率却在 8% ～ 15%。该行业每年都必须跑得越来越快，才能让自己保持在原地。

主街的商品市场特点最吸引两类人群——财务型买家和采购代理。后者会因以最低价格获得商品而得到补偿。对他们而言，只要目标产品类别足够标准化，能够以最低的报价拿货，主街期就开始了。保守的财务型买家也寻求低价，但理由不同。他们并不认为这个产品对他们来说很值钱，倒不是因为这是一款糟糕的产品，而是因为他们很难从任何技术元素上获得价值。

为了向这些客户提供服务，供应商必须制定一系列低成本规则，这些规则将产生以下有益效果。

- 它将扩大供应商的单位市场份额，创造更多的"终身客户"。
- 它将提升利润率较高的销售业务的盈利能力。

也就是说，供应商还需要从某种形式的价值基础定价法中获得利润救济。这也就意味着要从购买体系中的某种买家那里获得有价值的赞助。我们应该注意到，当我们进入主街时，我们之前的两位基于价值定价的赞助者已经对我们失去了兴趣。在保龄球道期为我们提供赞助的务实主义财务型买家早已将注意力转移到其他地方，因为新基础设施的推出已经解决了他们的问题。IT界在龙卷风期支持价值基础定价法，以确保其急于部署的基础设施的质量根基，现在他们终于重新掌控局面并且也开始关注其他地方。既然这两个群体已经主动离开赛场，那么我们就必须找到一位新的赞助者，一个能为我们的差异性赋予价值的人。正是在这种情况下，我们第一次真正将注意力集中在终端用户身上。正是他们定义了主街上利润丰厚的利基市场，即位于核心商品基础设施外围的附加价值延展区。

关注终端用户

在主街出现之前，终端用户在高科技采购决策中只拥有次要话语权，财务型买家和基础设施买家的特殊问题会得到优先考虑。但是，既然这些问题现在已经得到解决，终端用户就可以冒头了。他们想要的是从产品使用中获得个人满足感，无论是以生产力提高、享受感增强还是以痛苦被减轻的形式。无论产品是由企业还是由消费者购买，情况都是如此。问题就是，在后一种情况下，消费者能否负担得起；在前一种情况下，他们能否让老板为该产品掏腰包。

无论是哪一种情况，从供应商的角度来看，这种对个人满意感的渴望为建立在产品差异化基础上的基于价值的竞争奠定了基础。如果供应商想从低成本商品采购的利润压力中得到缓解，那么这种基础对于投资和发展就至关重要。因此，终端用户营销的目标就是利用他们的偏好获得更高的利润回报。

现在，终端用户（特别是商业终端用户）所拥有的杠杆率是有限的，因此公司可以获得的额外利润是不高的。这就意味着为确保利润率而进行的差异化投资也必须受到限制。例如，公司不能仅仅为了让每个产品多挣几美元而重新设计完整产品。相反，公司必须利用已经存在的完整产品，对其进行从技术角度看很细微但是在终端用户看来能增加差异化价值的修改。

这就是**大规模定制**策略。在高科技产业之外的领域这几乎不是什么新闻，因为这是许多消费类包装商品营销的根本基础。但它在高科技领域产生了惊人的影响。我们的高科技行业是由工程师创建和运营的。在主街上，有史以来第一次，研发职能的力量遭到挑战。它不再是前进的密钥。大规模定制并不需要技术突破，它需要的是感知性的设计变换。这属于，或者应该属于市场营销领域。但是，将控制权交给市场营销代表着一种巨大的文化变革，许多高科技企业根本无法实施这种变革。相反，它们继续迫使市场接受新的研发产品，而市场已经对此毫无胃口了，这就会产生不必要的高成本和低增量回报，使它们在主街上的状况变得更糟糕，并将它们推回到 S 曲线的阶梯上，拼命寻找另一场龙卷风。

主街的基本教训，也是我们拒绝承认的教训——它需要的不是**更先**

进的高科技解决方案，而是**更具有包容性的**解决方案。这反过来又意味着要采纳一整套新准则，而高科技行业对此并不熟悉。这些准则在其他行业中众所周知，它们必须被重新定义以便用于高科技产业，这是我们高科技产业刚刚开始承担的任务。

钱已经在那儿了

主街的根本特征是，持续盈利的市场增长不再来自向**新客户**销售基本商品，而是必须来自为**现有客户**的基础平台开发具有利基市场针对性的延展产品。终端用户想要获得这些延展产品，但他们将如何付费？事实证明，他们不需要付费——**这些都是免费的！**

好吧，也许不完全是免费的，但它们看上去确实是免费的，因为随着高科技产品的性价比不断提高，客户今天购买的产品跟两三年前购买时相比，成本要低得多。但是，客户仍然将预算建立在产品价格将保持不变或者可能会略微上涨的假设上。因此，无论是作为企业客户还是作为消费者，他们为下一次购买拨出的资金都超出了真正所需的，并且会非常惊喜地发现还有一些剩余。现在，采购代理的工作就是把这些剩余资金拿回来，而且他们也的确会想尽办法去这么做。但供应商的工作却是吸引终端用户将这些"不花白不花"的钱用在能够吸引他们的增值延展产品上。

为此，我们需要向他们提供一种合适的产品，如今我们称之为**完整产品 +1**。

完整产品 +1

对完整产品进行 +1 延展，其背后的理念是利用在龙卷风中创造的商品化完整产品，通过次要特征而不是通过提升其主要性能来创造差异性。当然了，后一项工作也在做，但越来越多的人认为这是理所当然的，所以无法产生想要的利润率。另外，这些次要特征既植根于终端用户的主观体验，也植根于产品本身的任何客观变化，代表着一种尚未被开发的创造可感知附加价值的机会。

例如，惠普就以商品级的家庭办公用户为目标，推出了成本非常低的 500 系列喷墨打印机。然而，与此同时，它也开展了目标利基市场活动，以捕捉以下客户。

- **空间有限**的公司，为它们提供 300 系列紧凑型便携式打印机。
- **尚未拥有传真机**的公司，为它们提供 OfficeJet 打印传真一体机。
- **制作商业传单**的公司，为它们提供性能更高的彩色打印机，如 1200 或新推出的 850 系列。

我们还可以以财捷集团为例，它通过对其核心产品 Quiken 的一系列低成本促销，使家庭金融计算变得非常便捷。现在该公司正在使用增值延展来捕捉以下客户。

- 本公司的安装用户，为他们提供名为 Quicken Deluxe 的升级产品。
- 刚开始创立小企业的人，为他们提供一个叫作 QuickBooks With

QuickPay 的捆绑包。

- 经常使用信用卡的人，为他们提供 Quicken Visa 卡，它附带一份收费登记表，可以以 Quicken 格式下载。

这些都是完整产品 +1 所提供的。它们通过在现有商品基础设施之上添加一个差异性元素来对其加以利用，目标是赢得特定类别的终端用户的支持，证明更高的价格不是基于更高的成本，而是基于用户获得的更高价值。

好吧，这又怎么样？毕竟，在大半个世纪的时间里，同样的概念一直是消费类包装商品营销的基础。早餐麦片有它的 +1 延展产品（加两勺葡萄干的麦片、字母形麦片、糖霜麦片），啤酒（淡啤酒、冷过滤啤酒、干啤酒、冰镇啤酒）和洗发水（调理洗发水、染色洗发水、去屑洗发水）也一样。在每一种情况下，供应商都能够隔离出一个新的目标细分市场，它会为 +1 因素支付溢价，或是将产品选择建立在 +1 因素的基础上。他们的广告和推广活动成功地将终端用户的注意力集中在该因素上，从纯粹功利主义的角度来看，这是对一种高度**无差异**核心产品的差异化区分手段。

所以呢？所以，重要的是，这一套策略与工程师的思维是如此格格不入，以至于几乎要令高科技公司陷入瘫痪。

克服对 +1 市场营销的恐惧

+1 市场营销违背了工程界最核心的一条基本假设，即任何事物的价值都取决于它的客观效用。纯粹的主观价值理念，即仅仅因为漂亮的形状或美丽的颜色而喜欢某样东西，是工程师永远也无法真正理解的。他们知道这会发生，他们知道这会发生在他们自己身上，他们知道这会影响购买决策，他们甚至知道这会影响他们自己的购买决策，但这完全没有道理。因此他们试图远离它。他们的办法就是把它交给营销部门去处理。

在工程师的宇宙中，市场营销是效用定律被中止的地方。他们对此有两种看法。一方面，如果把产品涂成红色就能卖出更多的产品，那就要想方设法把它涂成红色。另一方面，由于这种操作不存在理性的解释，所以你不能相信营销部门，这是任何人都可以自己看明白的。因为有时当他们把产品涂成红色，结果却并没有卖出去更多产品。所以在他们看来，营销从本质上说是巫毒术。它纯粹是为了迎合那些怪胎。它不是一门真正的学问，而是一种骗局。

那还是当工程师们表现友善时的说法。现在，这已经成为工程师和营销人员两个群体之间许多高科技幽默和玩笑的来源，但事实上，当涉及能否在主街获得成功时，这代表了一种危及生存的缺陷。因为在主街上，持续的高利润率只可能来自终端用户购买我们的产品而非低成本克隆产品，但唯一能让他们这么做的就是向他们提供能满足他们需要的产品主观体验。这就意味着工程学必须学会真正授权给营销学。

问题是，工程师们在能够理解任何组织机构的基本机制、运作方式和理由之前，是不会交出控制权的。他们做不到。这对他们来说就像要逼他们在半空中走路一样。因此，主街期要求采取的必要措施会让他们停滞不前，这也是为什么在高科技领域，对主街的否认心态会如此普遍。

　　如果能把市场营销概念化为一种**系统准则**，那么从今往后，它就可以对工程学提供很大的帮助。在这个参照系中，市场是经济系统，市场营销的作用是通过确保公司向市场交付价值，促进资金从市场转移到公司。这是一种遵循均衡定律的系统级交换。如果系统的任何一方缺少另一方需要的东西，交换就不会发生。但是当正确的配对相遇时，就会发生交换。定义谁是我们的合适客户，他们会想要什么样的价值，以及我们可以提供什么样的完整产品或完整产品 +1 来实现这些价值——所有这些就是营销的新含义。

　　这里的目标是允许研发人员不再控制公司的发明过程——当然，不是在生命周期的所有阶段，而是在主街期。如果我们真的能把决定权交给营销部门，那么营销就可以发挥营销的作用了，它会将营销过程根植于与客户的互动和沟通中，然后带着产品创意来找研发部门，而不是反过来。这就是营销在消费类包装商品公司中的工作原理——"我们找到了一个利基市场人群，他们想要一种树莓香型室内除臭剂，你们能做出来吗？"这也是高科技公司在主街期必须采取的营销方式。

　　像财捷集团这样的公司之所以能吸引高科技行业的注意力，是因为它有能力做到这一点。其董事长斯科特·库克（Scott Cook）曾在宝洁公司任职，作为他留下的传承之一，财捷集团反复展示了推动这种创新需要进行怎样的以客户为中心的市场学习、实验和研究。现在是高科技产业中其他公司迎头赶上的时候了。为此，我们需要一些新的工具，其中最重要的工具将帮助我们重新发现谁是真正的终端用户以及他们真正想要什么。

重新发现客户

我们反复强调过，为了在主街赢得高利润，原本会商品化的产品凭借向终端用户的目标利基市场提供正确的 +1 因素脱颖而出。那么，这些终端用户究竟想要什么呢？事实证明，回答这一问题对任何后龙卷风时期的公司组织来说都是一个相当大的挑战。原因如下。

在公司的超高速成长期，它非常正确地无视客户，把注意力放在了供应链和分销渠道关系上，朝着越来越间接的分销形式发展，以降低成本和扩大覆盖面。同样是这些分销渠道，它们并不太想与供应商分享自己的客户信息，因为担心供应商会绕过它们搞直销，比如通过邮购的形式。与此同时，大家应该知道的事实是，这些分销渠道往往和供应商本身一样，对客户一无所知，因为它们缺乏任何必要的类似于信息系统的东西用来追踪利基市场机会。所以，就像刚从日场电影里走出来的观众一样，供应商和分销商走出龙卷风后都会眨巴着眼睛，迷迷糊糊地说："**我们必须更接近客户！**"好吧，但是该怎么做呢？

这里的关键在于利用你的头号资产，即人们仍在购买你的商业化产品这一事实。通过实验性地推广或是将该产品与某一特定的"附加价值"产品捆绑在一起，你可以创造沟通渠道，以吸引任何你可能感兴趣的目标客户类型。然后，通过跟踪并访问真正响应此产品的客户，你可以进一步了解他们与你的产品的关系，以及如何改进未来向他们提供的产品，并赚取他们更多的购买资金。

简言之，主街营销的基本原则包括以下四项。

- 推出产品。

- 从中学习。

- 纠正错误。

- 再次推出产品。

这与保龄球道期采用的深思熟虑、谨慎的方法相反。保龄球道期的"产品"推出需要协调大量投入，纳入一系列合作关系，而且在这一过程中还要赌上自己的声誉。在主街期，产品的推出则要**轻松**许多。它们可以更快地组合在一起，通常只涉及不超过一个合作伙伴，如果它们失败了，市场通常只是忽略它们而已。因此，公司可以更积极地利用"产品推出"这一策略，而许多公司也正是这样做的。

作为研究工具的产品推出法

在很多情况下，公司倒闭的原因在于，它们忽视了将这种活动视为一种研究模式、一种**营销测试**。相反，它们认为这是一种推广产品的促销，因此未能将**学习**纳入产品推出机制。这简直跟犯罪差不多。大多数高科技产品推出，特别是在零售业一端的推出，都需要一些额外的流程才能完成。当客户进入此流程之后，在推出真正完成之前，会出现一个数据收集的机会窗口，这个窗口提供了了解利基市场的最佳时机。

换句话说，在购买流程中的"推出完成"这一环节，你在产品线的另一端有一个"现场客户"，没有任何其他研究点能如此可靠地确定反馈者的资格。如果你在这个时间点之前联系客户，你就永远无法确定你是不是在聆听一位真正的买家的观点。如果你等到产品完成后再联系客户，你就总是有可能会得到一个带有偏见的样本——比如说，那些出于自愿对调查做出回应的人，或者是那些提交客户登记卡的人（顺便说一下，这通常会排除掉大多数《财富》500 强客户）。可如果你在**购买过程中**收集数据，那么你就掌握了一些特别的东西。

这些数据中有一部分将不可避免来自订单配置流程——您拥有哪种类型的计算机，您想要单用户还是多用户许可证，等等。要真正了解客户的购买理由中的微妙元素——他们的利基需求以及随之而来的人口统计学和心理统计学信息，需要做精心安排的额外工作。但是，如果你意识到这些数据的价值可能远远超过你正在销售的产品的利润，你就会计划为这些客户提供一项特殊的奖励，奖励他们向你提供了这些数据（"如果您能抽空回答一些额外的问题，我们将向您寄出一份价值不菲的＿＿＿（免费产品）"）。

这就是利基市场差异化策略背后的基本动力机制，该策略有时被称为"准备、开火、瞄准"。深入研究这种策略的目的是要彻底明确以下一点。

对目标客户利基市场的无知并不是不立即在主街推行基于利基市场的营销计划的借口。

如果你的脑海中没有一个明确的目标客户，那就想一个出来！把东西投放出去，看看会发生什么事。让你的公司行动起来。去获取迭代式探索、学习和响应的核心能力。无论是风险还是所需的资源门槛都不足以阻止你果断跳进市场。而找到一个有利可图的利基市场所带来的回报绝对足以弥补第一次推出产品被断然拒绝时所带来的短暂挫折感和尴尬感。

不过，这里有一个警告：前述内容看上去很像一种直截了当的理念，但其实不是。尽管都承认这项计划很有吸引力，但是大多数公司根本无法执行它。通过学习顽强坚持下去并在此基础上取得成功，这需要用到迭代法，而迭代法又要求公司程序和公司组织能够迅速"扭转"利润率观念。遗憾的是，成功的公司通常会在龙卷风期剥夺公司的这种能力，代之以种种程序，而这些程序故意让任何价值低于数百万美元的大获全胜的机会都变得不值得费力追逐。在当时，这种反利基市场的做法是好的策略，因为任何摩擦都是敌人。但是在以利基市场为主要利润来源的主街上，这是坏的策略。这是又一件你在进行这一生命周期过渡时必须逆转的事情。

找到你的 +1 机会

在旧的已经机能失调的工程与营销的关系中，前者负责完整产品，后者负责 +1 因素。由于两者都不真正了解对方在做什么，所以完整产品和 +1 因素之间的关系是主观的，而且常常是被强加上去的。你可以在广告宣传中很容易看到这一点。在那里，产品的主观表现手段与其真实特性没有太大关系，而是与市场营销部门目前流行的不管是什么风格或形象有很大关系。

这是一种注定要失败的策略。正确的发展方式是从系统的角度看待市场，并且自问：我们可以在自己几乎或完全不增加成本的前提下提供什么产品，让市场愿意向我们支付更多的钱？如果我们把目光投放到高科技领域之外，可能会得到一个答案：**令人信服的幻想**。耐克（Nike）鞋、万宝龙（Mont Blanc）笔、哈雷（Harley Davidson）摩托车、佛蒙特泰迪熊公司（Vermont Teddy Bear Company）的泰迪熊玩具、Ben & Jerry's 冰淇淋，它们的营销传播策略都是以令人合意的方式影响消费者体验，从而为自家产品赢得了极高的溢价。这就是营造神秘氛围的广告术，它符合我们的标准，即在为终端用户提供附加价值的同时，几乎不增加产品的增量成本。

尽管如此，我们首先还是要认识到，这样的胜利是罕见的；其次，书呆子不擅长营造神秘氛围。如果我们想获得赢得比赛的大概率机会，我们就得用一套不同的规则参赛。所以，让我们再问一遍这个问题：**我们可以在自己几乎或完全不增加成本的前提下提供什么产品，让市场愿意向我们支付更多的钱？** 答案是，一大堆东西，而且它们已经存在于产品中了！

考虑一下你最喜欢的软件程序中的所有菜单选项，电视遥控器上的所有按钮，或者电话上面的那些按键。你知道它们每一个都有什么功能吗？好吧，也许你知道，但其他人都不知道。那么这意味着什么？这意味着研发资金被投入到了这些客户从未使用过的产品功能中。简而言之，每一个成功的高科技产品背后都隐藏着大量未被利用的研发投资。因此，创建和利用 +1 营销计划的最简单方式就是将资金集中于这些功能组中尚未被使用的部分，逐个调用这些功能，将它们与最能从中受益的客户利基市场相匹配，并在营销传播活动中大肆宣扬它们。

这里的关键点很简单，即产品的功能在被使用之前，是没有价值的。主街营销让客户得以追赶上隐藏在高科技产品线中的价值。当初这些价值必须加以抑制，以免在匆忙部署新基础设施的过程中让人们感到不知所措。现在情况已经稳定下来了，客户就有机会体验到这种价值了，但前提是我们得教会他们。这就是 +1 营销的功能。它关注这些功能中的一项或多项，找出谁可能真的喜欢它们，并弄清楚为什么大家现在没有使用它。然后，它投入 +1 研发所需的一切，以消除障碍并针对特定客户利基市场重新包装产品，标榜新的 +1 能力。这样做，每个人都是赢家，只有采购代理除外。终端用户获得了更多的价值，财务型买家不会预算超支，技术型买家仍然会得到可靠的标准基础设施，供应商则获得了更高的利润率。

因此，+1 市场研究是研发和营销之间的一种接合性企业活动。研发负责将产品中尚未释放的潜力释放出来，营销则负责寻找利基市场人群，如果将产品潜力重新包装，使其变得更容易使用，这些人就会重视这种潜力。一旦找到了好的匹配，那么接下来的目标就是向该利基市场提供产品。

把所有这些精力都集中在利基市场上，或许让我们看上去很像是回到了保龄球道期，但说到实际的产品投放机制，主街期和保龄球道期有着天壤之别。

向市场投放 +1 项目

虽然利基市场营销既是保龄球道期也是主街期营销的指导原则，但二者为客户提供价值的关键成功因素却有着很大的不同。在保龄球道期，不存在能支持你的完整产品的部署到位的既有基础设施。这时，提供利基市场服务的关键是自带所有必要的支持。这有点像出门前打包行李，目标是不遗漏任何重要的东西。要实现这一目标，你在很大程度上得依赖于一个增值分销渠道，这反过来又意味着专业知识的匮乏和成本的增加，但由于有足够的利润空间来为此埋单，所以这不是一个问题。相比之下，在主街期，你可以理所当然地享用一套支持性基础设施，这意味着你不必依赖于招募合作伙伴和盟友。这是一件好事，因为现在没有利润空间来为这方面的开支埋单。相反，你必须在龙卷风带来的高销量、低成本分销系统的约束下交付 +1 价值。

在合作方面，在主街期，（在市场对商品化完整产品的任何标准化要求之外）你最多只能与一家公司合作，而且只有当该公司对 +1 因素至关重要时，你才能这样做。在这种情况下，捆绑是一种典型的策略。在这样做时，你应该意识到，这里的附加利润率仅足以满足其中一家公司——要么是你，要么是被捆绑的供应商，所以对方只能得到某种其他类型的奖励。例如，对这位合作伙伴的奖励可能是扩大其安装基数，让它的成本得到覆盖，而它的目标则是以后在售后市场上赚钱。这通常意味着它将获得所有 +1 客户的姓名和联系信息，而这一动机则越来越强调数据库营销系统的交易时间数据捕获功能。

客户会期望从他们在市场龙卷风阶段学会使用的那些分销渠道购买 +1 产品。也就是说，一旦你教会客户如何通过低成本渠道来满足自己的需求，你就不可能要求他们现在放弃那个渠道，转而使用成本更高的渠道。这就意味着，+1 产品所需的服务绝不能超过龙卷风分销渠道所能提供的。对于零售渠道而言，这通常意味着渠道根本不提供任何服务。相反，渠道将提供额外的货架空间（一种非常珍贵的商品），以换取能带来更高利润率的销售。

由于货架空间非常宝贵，而且零售渠道在销售过程中几乎没有或根本没有增加产品价值，许多 +1 项目已经迁移到基于目录的邮购销售中。目录是演示 +1 产品的理想渠道，因为你可以确保正确地给出信息，并且可以使用数据库营销技术不断完善你的目标客户邮件名单。此外，当产品不含有服务组成部分时，邮购或电话销售是一种最佳完成渠道，因为它不会产生不能为客户增加价值的成本。

主街上的竞争

对于一个在龙卷风中成功的公司组织而言，没有什么比如何在主街上进行有效竞争更难理解的了。回想一下，在龙卷风中，你玩的是零和游戏，你与其他公司战斗，去赢得最大数量的新的终身客户。但是在主街上，这场战斗已经结束，因为市场份额已经划分完毕，剩下可以争夺的只有后入场客户和少数"可转换"客户——可如果他们曾经表现不忠，那么他们无论如何也不能算作"终身客户"。但你别指望龙卷风期的成功管理者能听得进这些道理。他们只知道一条路可以通向目标，那就是在竞争中决高下，所以，就像古代战争中的老兵一样，他们埋头继续战斗。

这样一来，他们就错过了区分主街赢家和输家的真正竞争，这种竞争的对手与其说是另一位供应商，不如说是采购代理。主街期的目标是从你的安装用户那里获得最大的财务收益。你已经占领了你的领地，现在是耕耘的时候了，亩产最高的公司就是胜利者。我们要靠农民，而不是士兵，去赢得这场竞争，它更多靠从自己的土地上榨取价值，而不是靠兼并别人的土地。

与我们作对的是采购代理，他们会继续推动竞争大战，以达到符合其利益的压低报价的目的。在他们的眼里，用来参照的竞争对手不是市场领导者的产品，而是克隆产品。例如，当个人电脑处于龙卷风期时，首先是 IBM，然后是康柏设定了参考价格。其他人为了获得销售业务，不得让产品价格低于这两家公司。可一旦个人电脑转移到主街期，就是戴尔、捷威（Gateway）和 Zeos 公司在设定参考价格了，而 IBM 和康柏则处于守势，寻求让自己的较高价格变得合理化。随着获得不相容系统的风险在降低，市场分配给市场领导者的价值也随之降低。由于事实标准已经到位，所以购买一些"非品牌货"并没有太大的风险，因此克隆产品不需要打太大价格折扣就能获得销售业务。领先品牌仍然具有一定价值，但已经今非昔比。现在，你必须通过展示你的 +1 计划如何在商品之上增加价值来赚取利润。

所以，在竞争方面，+1 项目与其说是在与其他 +1 项目竞争，不如说是在与低成本核心商品竞争。它的目标是凸显出原本无差异的产品，为针对利基立场的附加价值获得适度溢价。与此同时，你还可以赢得一些额外的骑墙型客户，他们本来根本就不会购买该商品，是 +1 产品让他们做出了购买决定。

反过来，这种竞争方式意味着一种举重若轻的定位方式。+1 的回报通常不足以支持大规模的传播推广。事实上，它旨在利用一种已经运行良好的购买流程。这意味着，越来越多的传播工作应该瞄准越来越接近购买的那一刻，但在最后一刻，将该过程重新定向到一个更有利可图的目标。因此，展销通常优先于广告。在销售人员在场的情况下，培训不应侧重于如何教育客户，而应侧重于如何基于既定的低成本解决方案向上（或者基于高价格的溢价产品向下）销售。

产品线延伸：龙卷风晚期战术之一，尚未 +1

在龙卷风期的"一门心思地出货"营销战略和主街期的 +1 营销战略之间，有一个中间步骤，叫作**产品线延伸**。这是龙卷风晚期战术之一，在消费者市场已经很成熟了。对于高科技公司而言，采用这种战术相对简单。其目标是通过对可分离的价值主张进行差异化区分来提高市场渗透率，同时继续关注仅需要高销售额的领域，以保持龙卷风级别的销售额。

通过对产品线进行差异化区分，能增加可以打交道的**客户种类**，从而超越最初的饱和点，获得持续的高销售额。例如，商用领域的台式个人电脑于1984年达到了最初的饱和点，但随后出现了两类新的个人电脑计算类产品线延伸，即服务器和笔记本电脑。在20世纪90年代，我们看到市场抵达了另一个饱和点，这一次几乎涵盖了整个商业领域，从而推动第二类产品线延伸进入家庭计算领域，以多媒体个人电脑为主导。

康柏在产品线延伸方面做得特别成功。随着Presario系列产品的推出，它在SOHO（小型办公室、家庭办公室）计算领域的核心商品市场上展开了强有力的竞争，从戴尔和捷威等公司手中夺回了市场份额——这些公司先前成功地利用低成本分销战略削弱了康柏的高端地位。这需要康柏首次瞄准低端客户，而在更换顶层管理人员之前，它一直都不肯这样做，因为要这样做，就必须让工程标准做出"妥协"。可令它懊恼的是，它发现个人电脑的完整产品已经变得足够商品化，以至于这些所谓的妥协事实上并不成立——实际上，它完全可以做到推出具有康柏品质的低成本个人电脑。

康柏产品线延伸的其他案例包括：早先进军笔记本电脑领域的举措、开发以富裕高管和销售人员为目标的自动化应用程序、向基于英特尔的平台推出多处理器SystemPro服务器产品线，用于缩小或扩大规模。所有这些举措就其本身而言代表了龙卷风后期的市场营销，它们弥合了早期龙卷风产品线开发（用本质上相同的产品类别达到一系列性价比节点）和 +1 营销之间的缺口，后者针对的是无须进行大量额外工程设计的利基市场。产品线延伸代表了两者之间的一个中点，通常需要进行重大工程设计（请看，戴尔公司就无法在这一关键时期投放一款像样的笔记本电脑），其回报就是销售额将高于利基市场营销方法所能带来的销售额。

这里的一个关键教训是，过早进入 +1 营销可能是一个错误。相反，公司的目标应该是在龙卷风模式下占领尽可能多的领地，将产品线延伸作为龙卷风晚期的领地扩张战术，等到扩张结束后再回来对自己的领地使用 +1 计划。

最后，正如上述的一切所暗示的，主街不仅有利于消费者市场营销策略，它也是消费者市场本身的自然栖息地。在生命周期的这一点上，几乎所有公司提供的解决方案都能满足购买的基本用途，而且技术风险已经被完全吸收，因此购买决策可以被安全地移交给满足个人价值。

在高科技产业中，已经从主街市场中获益最多的是个人电脑软件供应商。现在，随着家庭中支持光盘驱动器的个人电脑的出现，我们看到了一种新事物的开端，这将引发一次新的软件大爆发，它们会竞相让我们为"教育娱乐"掏腰包。聪明孩子的父母肯定会在这里投入大量资金，超市正在为它们提供更大的零售楼层空间，LearningSmith 这种新型教育娱乐专营商店正在涌现，这些都是预兆。

所以，在主街的世界里有很多令人兴奋的事物，而高科技公司的首要目标应该是转变市场营销方式，以便能够利用这些回报。但在提倡所有这些做法的同时也要注意，高科技产业中潜在的动态机制永远不会允许你在主街上安顿下来。为了进一步强调这一点，我们将通过考察硅谷之外试图否认这一基本观点的高科技公司来结束这一讨论。

把自己困在主街上

正如我们反复指出的，对主街市场营销的主要威胁来自集成电路潜在的性价比升级，这将不可避免地迫使范式转移远远早于盈利的最佳时间。对于完整产品尚未在龙卷风中完成商品化过程，因此利润率一直保持在很高水平的市场而言，这些转移尤其令人震惊。专有大型计算机和小型计算机市场就是很好的例子，那里的市场领导者们发现自己被困在了一个豪华笼子里。

当完整产品未实现商品化时，市场会相对集中，客户数量相对较少，服务商的数量趋于稳定，产品和服务的利润率都能保持较高水平。这就好像你仍然待在保龄球道里，只是经历了一场龙卷风，当时的需求远远超过了供应，这让你的公司成长为《财富》500强企业。

乍一看，这里很像天堂——如果没有隐藏在我们所有公司下面的那些讨厌的集成电路的话，那这里真的就是天堂了。因为不管你现在的系统有多复杂，不管你的伊甸园周围的壁垒筑得有多高，如果外面的杂草在以每3.5年上升一个数量级的速度疯狂生长，那么它们迟早会入侵并占领所有地方。问题是，对此你打算怎么办？

在这里，唯一正确的答案就是你也变成一棵杂草，占领你自己的花园。然而，不用说，这并不是那些专有大型计算机和小型计算机公司首先会想到的主意。在很长一段时间里，它们成功地用砍刀抵挡住不断入侵的丛林。客户团队会尽一切努力让商品化解决方案远离自己的客户群，他们采用的手段包括，其实是尤其专注于，不推销自己公司的低端产品。

在这方面，有一个关于 IBM 的经典故事，讲的是一位客户向 IBM 客户团队请求获得一个 Unix 平台，用来运行一个客户机/服务器应用程序。该团队研究了该应用程序后，提出了升级主机的建议。客户说，不行，可能我们没说清楚，我们**想要**一个 Unix 解决方案，请给我们一个 **Unix** 解决方案。于是研究团队进一步研究了这个问题，并提出了一个新建议，这次是让客户使用 AS/400 系统。不，客户说，我们不想要一个**专有**平台，谢谢，我们想要一个**开放**平台，比如 IBM RS/6000，请在这个平台上提供一个解决方案。于是该团队再次研究了这个问题，但他们不知道此时该客户已经邀请了惠普公司提供一个 Unix 解决方案。最后，该团队提出了第三个方案，这次的方案是基于 PS/2 电脑运行 OS/2 系统。不，谢谢，客户说，我们已经决定和惠普合作了。**然后** IBM 团队才提出了一个 RS/6000 解决方案，但是你能相信吗？客户竟然拒绝了！

这种操作在 IBM、DEC、优利（Unisys）、富士通（Fujitsu）、日立和日本电气（NEC）等公司负责服务用户的客户团队中不断重复出现。销售渠道掌握在这些人手中，而符合他们利益的做法绝对是维持现状。因此，并不奇怪，这些供应商中没有一家在基于 Unix 的系统上取得过任何成功。此外，惠普、太阳、Sequent 和 ATT-GIS 诸公司则在利用上述公司的付出过着好日子。权力的平衡已经发生了变化，但这些公司**仍然**无法做出反应。这就是天鹅绒笼子的诅咒。唯一的突围办法是建立第二支销售队伍，并使之与第一支销售队伍直接竞争。否则，你的低端解决方案将永远无法进入市场。

主街之外

最后，那些已超出主街更新和维护能力的老产品会怎么样？高科技产业界似乎没完没了的龙卷风接二连三地造成的伤亡该怎么解决？现在所有那些 CP/M 个人电脑都在哪里？ DEC 公司的 PDP 程序数据处理机、惠普的笔式绘图仪和 NBI 公司的文字处理器在哪里？现在正在运行需要使用到卡里内特公司的 IDMS、Cincom 公司的 Total、Software AG 公司的 Adabas 或 ADR 公司的 Datacom/DB 的关键任务应用程序的公司情况如何？在接下来的十年里，IBM、优利等公司的大型机，或者是惠普的 3000、IBM 的 AS/400 和 DEC 的 VAX 这样的专有小型计算机将会遇到什么情况？

一旦超出了主街的影响范围，**以产品为基础的市场就会"坍缩"回服务型业务**。比较差的情况是，他们与各种非营利俱乐部的成员仍然保持着联系，分享适用于 CP/M 系统[⊖]的电脑软件，而 Amiga 电脑[⊜]的主人

⊖ CP/M 是世界上第一个微机操作系统，是 20 世纪 80 年代之前最具影响力的 PC 操作系统。——编者注

⊜ Amiga 电脑是 20 世纪 80 年代中期最强大的 16 位多媒体电脑，在本书英文版首次出版时（1995 年），其公司经营已陷入困境。——编者注

在五年后也会以相同的方式进行技术分享。比较好的情况是，服务机构会收购旧平台，通过从废品中分拆零件来维持旧平台的运行，并将运行权限按时间卖给一些公司，这些公司不愿意——有时也是因为失去了必要的知识——将它们的任务关键型软件转换到较新的平台上。对其他公司而言，前进的道路将是一种转变，要求将业务交给拥有专门工具和技能的签约程序员。对许多公司来说，这条路也将打开通向业界最杰出的公司之一——国际联合电脑公司（Computer Associates，CA）的大门。

国际联合电脑公司看上去是一家产品公司，但实际上它从事的是服务业。它收购陷入困境的软件公司，这些公司对主街而言已经没救了。国际联合电脑公司剥离并放弃了这些公司的所有开发活动，只专注于它们与安装用户的维护合同，并实施严格的财务准则，将它们转变为高利润摇钱树。这样做使该公司成为高科技界其他所有公司的眼中钉。陷入困境的公司痛恨国际联合电脑公司，因为该公司支付的极低价格让它们意识到自己从最初的状态跌落了多远。被收购公司的员工讨厌它，因为在收购后的几天内，除了极少数必需的员工外，其他人都被解雇了。开发人员讨厌它，因为它不为收购获得的产品投资开发新功能。它的客户们讨厌它，因为它会从那些除了向它付钱之外几乎没有其他选择的公司那里榨取额外的维护费。

然而，事实是，每个生态系统都需要一个清道夫服务，而国际联合电脑公司就是在我们的生态系统中扮演着这一绝对重要的角色。可以肯定的是，在我浪漫情绪高涨的时刻，我会想到迪伦·托马斯（Dylan Thomas）的诗句，对那些曾经效力于 ASK 和 Ingres 公司如今却戴着 CA

徽章走在他们那一度熙熙攘攘如今却冷冷清清的阿拉米达广场上的人高声吟诵。

> **不要温顺地走向那良夜！**
> **愤怒吧，愤怒这光明的消逝！**

但我是在跟谁开玩笑呢？即使没有国际联合电脑公司，我们也会创造一个出来。它的功能就是充当冷血杀手，无情地分析什么具有保留价值、什么没有。而且它始终保持对该命题的关注，表现十分卓越。

其他服务型企业也是从主街之外的环境中成长起来的。在崩塌的大型计算机和小型计算机硬件和软件公司，以及内爆的前垄断电信组织中，经验极其丰富的工作人员都出现了过剩。多年来，这些人一直处在致力于客户服务的公司成本中心，而客户服务则依附于产品在公司鼎盛时期带来的丰厚利润。现在这些公司正试图将这一资源转变为利润中心，将自己从产品公司转变为**系统集成商**。

到目前为止，结果好坏参半。IBM、DEC 和优利公司都推出了成功的专业服务组织。但即便是这些公司也是在走钢丝，因为它们正在试图为一支在功率曲线后方苦苦挣扎的劳动力队伍重新注入活力。它们仍然拥有一些强大的王牌，其中最显著的是参与大型项目的特权，这些项目是从它们与安装用户的长期关系中发展起来的，但它们必须十分积极地利用这一不断减少的资产，用获得的项目来培训下一代员工，不然它们就会被新兴的、负担较轻的服务型公司如剑桥科技合作伙伴（Cambridge Technology Partners）或是休斯敦的 BSG 等赶超。

最后，Cincom 公司目前正在进行一种更富有想象力的从面向产品到面向服务的转变。该公司以 Total、Supra 和 Mantis 等产品闻名于世，但这些都是从 20 世纪 70 ～ 80 年代传下来的。所以，到了 20 世纪 90 年代中期，该公司无法与众多像甲骨文及赛贝斯这样的公司进行正面较量。它不想把自己转变成另一家系统集成公司，因为它认为该领域已经变得人满为患，而且很快就要出现震荡洗牌，所以它正在寻求成为新一代软件开发者的首选全球销售和支持渠道，这些新一代软件开发者拥有适合大型企业和政府的优秀产品，但不知道该如何接近主流的管理信息系统组织。因此，Cincom 正寻求将其关系股权转换为新一轮产品股权，获得在其组织外部进行研发的权利。这是外包行为的反面，你可以称之为内包，但是如果你做过后主街时期的形势分析，就会发现它很有道理。

简要回顾

本章的重点是，高科技公司应该欢迎而不是抵制市场向主街过渡，应该将其视为一个机会，至少可以在下一次龙卷风来临之前展开某种有利可图的利基市场营销。但遗憾的是，如表 5-1 所示，在这个项目中取得成功所必须采用的行为方式与在龙卷风期间磨炼出来的技能完全背道而驰。

正如你所见，主街期的成功因素与龙卷风期的经验背道而驰，正如龙卷风期的关键成功因素与保龄球道期的经验背道而驰一样。尽管这令人不安，但我们却丝毫无法改变它。

表　5-1

龙卷风期	主街期
卖给基础设施买家	卖给终端用户
致力于满足及时部署可靠基础设施的需求	关注终端用户对产品的体验，致力于满足他们的个体需求
将你的完整产品商品化，以便进行广泛部署	通过针对特定利基市场的 +1 活动来对商品化的完整产品进行差异化区分
通过低成本、高体量渠道进行分销，并进行大力宣传，以确保最高的市场曝光率	继续通过相同渠道进行分销，但现在将重点放在展销上，以传达 +1 营销信息
推动价格点不断降低，以最大限度地扩大市场份额	宣扬 +1 价值主张，以获得高于低成本克隆品的利润
攻击其他竞争对手，以获得市场份额	与自己的低成本产品竞争以获取**利润**份额
将自己水平定位为标准全球基础设施	根据终端用户的个人偏好在利基市场进行自我定位

然而，我们可以认识到，所有这些在相互矛盾的状态中发生的转换必然会引起一些混乱。特别是，有些人很容易认为我们正处于市场的某个阶段，而另一些人则认为我们正处于另一个阶段。如果任由这种情况持续下去，人们将在存在观点分歧的状态下工作，从而会引发剧烈冲突。

因此，如前一章结尾所述，在制订任何行动计划之前，负责制定营销战略的团队必须就公司在技术采用生命周期中的位置达成共识。至于如何着手建立这一共识则是下一章的主题。

第六章　找到你的位置

本书的论点是，在技术采用生命周期的每一个重大转折点，营销策略都会发生巨大变化——事实上，会完全逆转。举例来说，读到这里，问问你自己，细分市场在成功的营销策略中扮演了什么角色？

答案如下。

- 在早期市场，你**绝对不能**细分市场。你只需跟随那些意见领袖，无论他们把你带向哪里。

- 为了跨越鸿沟并穿越保龄球道，你**必须**细分市场，这是你完整产品战略的基础。

- 一旦进入龙卷风，你**绝对不能**细分市场。在范式转移期间，输出标准基础设施以获得尽可能多的新的终身客户。

- 在主街上，你**必须**细分市场，但是不能像在保龄球道时那样做。现在对市场进行细分是实施 +1 策略的基础。

由于对市场进行细分驱动了以市场为中心的商业计划中的所有其他元素，这就意味着成功的策略将在某一技术的采用生命周期中发生多次逆转。

如果这还不够令人困惑，请考虑情况的复杂性可能会按照以下方式进一步增强。

（1）大多数公司会同时投放多种产品，而这些产品会处于各自生命周期的不同阶段。例如，莲花公司目前有 1-2-3 正接近生命终结期，有 ccMail 正处在主街期，而 Notes 则刚刚进入龙卷风期。

（2）同一市场中的不同细分市场可能正处于生命周期的不同节点。例如，在美国，互联网在 Unix 技术群体中正处在主街期，在大学生群体中正处在龙卷风期，在市场研究人员群体中正处在保龄球道期，在营销信息传播群体中正处在鸿沟期，在商业交易群体中正处在早期市场期。

（3）技术采用生命周期模型是递归的。也就是说，在保龄球道中的任何特定利基细分市场中，你都可能会遇到一场迷你龙卷风，在这个时候该细分市场的需求量远远超过供应量，所以你可能不得不在某一特定阶段内采取混合战略模式。这就是明导国际公司在计算机辅助设计市场上的遭遇，眼下硅图公司也正在动画市场上遭遇相同的情形。

（4）最后，由于市场在技术采用生命周期的不同节点会发生相互影响，例如，在今天，处于主街期的金融应用程序正在使用处于保龄球道期的开发工具对接处于龙卷风期的客户机/服务器平台。因此有时候很难弄清楚每个产品正处于什么阶段，甚或无法知道是否正在发生龙卷风，以及如果**确实**有龙卷风的话，它属于哪个产品的龙卷风。

面对保龄球道、龙卷风和主街这三种市场开发协议——它们本身合乎逻辑但又和另外两个相互矛盾，这时你到底应该如何推进？要在这种情况下找到自己的方向确实很有挑战性，但本书有一些关键原则可以帮助你。

重要的是类别，不是产品

要弄清楚自己在生命周期中的位置，第一步是认识到，市场要定位的不是你的产品本身，而是完整产品的类别。以惠普公司的 200LX 为例，它是一款袖珍掌上电脑，预装莲花 1-2-3、多个计算器、一套完整的个人信息管理（PIM）软件以及智能电子邮件接口，包括一套完全便携式无线邮件单元。那么它正处于生命周期的什么位置？

　　我们首先要回答的问题是：200LX 是什么？如果是便携式数字助理或掌上电脑，那么它就处于鸿沟期：如果你是苹果、索尼或摩托罗拉（Motorola）公司，而且你的笔式设备的性能仍然很差，几乎没出过什么货，那么这一点就会足够明显；但如果你是惠普，并且在没有配置笔的情况下，以合理的销售量售出了三代产品，这一点就没那么明显了。然而该产品类别正处于这个位置，因此该类别中的所有成员必然也正处于这个位置。

　　另外，如果我们以不同类别的产品（比如说电子记事簿）作为参照点，那么这些产品显然正处于主街期，就像夏普（Sharp）和卡西欧（Casio）公司数以百万计的出货量所证明的那样。这样一来，惠普的这款产品就不是一台正处于鸿沟期的、缺支笔的掌上电脑了，而是一款正在主街上苦苦挣扎的、定价过高的电子记事簿。如果它属于这一类产品的话，那这里就是它的位置了，尽管它也有很多先进的新技术特性。

　　可又有人要说了：等等，它两者都是！我对此只能回答：不，它不是，从来都不是。**都是**等于**什么都不是**，等于不存在，等于被放逐。你不能推销违反市场分类方案的东西，因为市场必须支持分类方案。不然商店不知道该在哪个部门卖它，消费者不知道该去哪里买它，而且没人知道该用什么产品去跟它进行比较，以确定价格是否公道。

　　1994 年，惠普选择进入掌上电脑市场，我认为这是一个很好的选择，因为这个市场有前途，尚未出现既定的领导者，而且更符合 200LX 的潜在技术优势。然而，200LX 的出货率让惠普误以为 200LX 比实际上更接近龙卷风。该产品的广告以龙卷风为导向，将其定位为一款面向广大自称为"公路勇士"的人群的产品。这一步跳得太大、太快了。如果你说我们正处于鸿沟期，那就很容易看到这一点，但如果你认为你已经处于保龄球道期了，这就没那么容易看清楚了。当然了，惠普采取的正是保龄球道视角。

这一切的关键就在于，巨大的营销支出和风险最终取决于一个选择，即产品在技术采用生命周期中究竟处于什么位置。目前有很多公司正在面临这样的选择。

- 莲花公司的 Notes 处于哪个位置？如果是在保龄球道的话，莲花公司应该更密切地关注垂直市场；如果是在龙卷风中的话，莲花公司就应该更努力地将完整产品商品化。

- 面向对象数据库处于哪个位置？如果它仍处于早期市场，企业应该积极寻求与意见领袖达成额外的特别交易；如果处于鸿沟期，它应该密切关注一个单一的滩头阵地。

- 电话服务处于哪个位置？比如说存储转发传真、电话会议、呼叫转移和来电显示，更不用说综合业务数字网（ISDN）等深层使能技术了。

- 彩色打印、便携式打印或打印传真一体技术呢？它们处于哪个位置？

在大多数艰难的决定中，模棱两可的情况源自主街类别与某种非连续性创新元素的混合。问题在于，市场上会经历多少完全非连续性，以及这样一来它将与生命周期中的哪个位置相契合。为了正确看待这个问题，我们需要研究下面的模型。

非连续性和生命周期

有两种非连续性会影响技术采用生命周期。第一种是**范式冲击**，受到冲击的可能是终端用户，也可能是为他们提供支持的基础设施。例如，电动汽车就会给两者都带来一段糟糕的体验，因为机械师、加油站、车主甚至雇用这些车主的公司都将被迫学习新的理念、进行新的投资、采取新的行为。因此，电动汽车代表了一种高水平的范式冲击。

笔记本电脑则代表着相当低的冲击水平。人们确实需要了解更多关于电池的知识，这超出了他们自己希望了解的范围，而且人们还可能需要对便携式电池充电器进行额外投资。如果你因工作需要从酒店房间发送传真，那么范式冲击的力度就可能有相当大幅度的提升。可如果你只想在飞机上写作，那么使用笔记本电脑就很接近于使用台式机了。你可能需要学会使用轨迹球，而不是鼠标，因为你面前的托盘桌上没有使用鼠标的空间，但除此之外，软件是相同的，键盘是相同的，操作是相同的。

另一种非连续性是**应用**突破，这是新技术使终端用户角色发生巨大变化导致的结果，它反过来又刺激了同样巨大的投资回报。当自动语音应答设备（VRU）取代客户服务操作员时，这对呼叫者而言是一种范式冲击，但对报纸、电影院和航空公司等公司组织而言却是一种巨大的节约，因为这些公司组织都有大量的日常来电需要处理。传真对我们的日常工作也产生了类似的影响：熟食店让你传真午餐订单，建筑供应商把它们的改造报价单传真到你家。随着大学新生发现他们可以与在其他大学的高中朋友保持联系，互联网实际上正在带来一场写信的复兴潮。写信意味着被延迟的满足感，但通过电子邮件，你往往可以在去信的当天收到回复，如果你处在"聊天"模式的话，一个小时内就能收到回复。就连父母辈也参与到这种活动中来，对此我们家最小的孩子安娜可以作证。

因此，终端用户能力的显著提升是推动技术采用的加速器，正如范式冲击是刹车一样。将这两者放在一起，分别作为单个模型的 x 和 y 轴，就可以创建如图 6-1 所示的相对于生命周期的关系图。

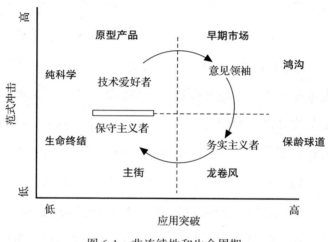

图 6-1　非连续性和生命周期

该图只是研究技术采用生命周期的又一种方式，对它的解读如下。

- 生命周期始于左上象限，在这里，范式冲击水平高，效益低，这通常是因为新技术的应用尚未部署到实地。这里是纯科学和原型产品的领域。现阶段，只有技术爱好者对它感兴趣。对于大多数应用而言，超导技术仍处于这一象限，尽管在一些医疗设备领域，它已经转移到下一个象限。

- 在第二个象限，我们可以看到早期市场出现了，它是围绕着一个或多个看到新技术的利益潜力并为首次应用突破提供资金的意见领袖建立的。这些应用突破创造出意见领袖所寻求的巨大竞争优势，从而使忍受替代性范式冲击造成的痛苦成为必要。

  务实主义者看到这些应用突破会说：是的，我们也希望将这种优势融入我们的工作流，但不是以当前所需的范式冲击为代价。务实主义者的保守态度是造成鸿沟的原因。

- 为了加快进入第三个象限，公司必须筛选出特定滩头细分市场所面临的问题，在支持通用解决方案集的所有变体之前，通过实施有限的针对利基市场的解决方案来减少范式冲击。这里是保龄球道期，聪明的市场营销可以让公司加速进入该时期，不然公司将在鸿沟期待上一段漫长的时光。

  随着保龄球瓶细分市场的激增，实施一项通用基础设施解决方案的条件出现了，在某个节点，大多数务实主义者会群起采取该方案。由于这些务实主义者是成群结队行动的，这就创造出了事实标准，并推动建立起完全消除范式冲击所需的广泛的供应商支持基础，同时仍在继续实现应用突破。这就是驱动龙卷风的动力机制。

- 随着龙卷风消退，保守主义买家得以第一次进入市场，这时范式冲击已经被完全吸收，应用突破也已经成为标准操作程序。市场现在转移到主街期，进一步的创新都集中在二级价值主张上，也就是我们一直说的完整产品 +1。

然而，如果客户过于留恋某种熟悉的范式所带来的舒适性，那么随着全球基础设施向新标准迈进，对旧范式的支持开始减少，他们最终将成为**日益严重**的范式冲击的牺牲品。看看如今 CP/M 或苹果 II 用户所处的困境，或是当前正飞速逼近 DOS 用户的命运，一切就很清楚了。

- 最后，该模型还提出了另一个观点，它由左上象限和左下象限之间的那堵墙加以体现。它的意思是，你不能跳过图表右侧的过程从左上象限直接进入左下象限。也就是说，如果你发明了一种非连续性创新技术，其唯一的好处是在一个老旧的应用领域中降低成本和提高生产率，那么你的这项技术从本质上说是无法进入市场的。

原因在于，保守主义者根本不会容忍范式冲击，也不会投资帮助供应商随着时间的推移减少这种冲击。他们只有在新技术经过务实主义者的审核后才会购买，而务实主义者则只有在新技术能够给工作流带来重大突破时才会购买，这继而意味着必须让意见领袖赞助这些应用突破的早期演示。为了从左上象限迈出去，你必须找到一种可以激励意见领袖的应用突破，而不是简单地"下坠"到左下象限。

把模型作为一种导航助手

虽然除了范式冲击和应用突破之外还有其他因素可能影响生命周期

的布局，但是这一坐标系让我们能够对技术在生命周期中**理应**处于什么位置做出很好的粗略估算，这样我们就可以找到启动的地点，然后根据需要加以修正。

让我们试着将它应用到前面提到过的一些案例中。

- 莲花公司的 Notes 显然已经实现了工作流突破，因此它肯定位于图表的右侧。其定位的模糊性与完整产品的范式冲击有关，这种冲击分别指向终端用户和 IT 群体，前者几乎没有感知到它的存在，而后者则被它弄得头晕目眩。其结果是，需求大大超过供应，造成了类似于龙卷风的效应，但真正的市场势头却因供应商受到过于困难的限制而遭到威胁。莲花公司在投资 Notes 时应将其视为一款迫切想在龙卷风中飞翔却始终飞不上去的产品，它因为过于复杂难解而不断被拽回地面。

- 很显然，面向对象数据库在被推出十年后，依然能构成一种范式冲击。目前该领域依然很少有既定的标准，许多试验仍在进行中。这意味着它们正位于图表的上半部分。与此同时，没有人怀疑它们所预示的应用突破背后的理论（主要是在开发人员生产力和运行性能方面），尽管实际上实现突破的仅限于个别案例。因此，它正处于右上象限。这些系统的供应商必须回答的关键问题是：它是处于早期市场还是处于鸿沟期？这是一个非常实际的问题，因为每个季度它都将有机会获得又一笔来自意见领袖的交易，这要求它建立又一个针对特殊案例的解决方案，以换取一张大额支票。当你处于早期市场时，这是一笔好买卖，可当你处于鸿沟期时，它只会让你陷得更深。那么你该如何加以区分？

　　这一问题取决于你在核心产品开发方面取得的进展，这种核心产品开发是支持任何跨越鸿沟行动所必需的。也就是说，你的目标是跨越鸿沟、经营保龄球道，然后再去支持龙卷风中的商品化产品。为保龄球道期所不需要的客户应用程序架设支持体系是对资金的滥用，是对时间的浪费，是鸿沟灾难的前奏。但同时，为跨越鸿沟的滩头阵地架设必要的支持体系则是非常值得投入时间和金钱的。因此，要解决这个问题，你需要确定自己的滩头阵地将设在哪里，针对该滩头阵地的完整产品将由什么构成，然后评估还有多少核心研发要做，有多少核心研发仍然适用，以及与之相比，现在需要做多少针对应用程序的工作。在自己的核心引擎启动之前，你绝不能转换到针对应用程序的工作中。只要核心引擎还是首要问题，你就要和早期市场的意见领袖待在一起，付出创造特定产品的代价。相反，一旦你有足够的核心动力去推进，那么你就绝不可以因为继续接手意见领袖项目而拖延进度。

● 就电话服务而言，无论是存储转发传真、电话会议、呼叫转移还是来电显示，对美国电话电报公司的子公司（Baby Bells）来说都是重大的范式冲击——这些公司正疯狂地整合这些功能；对终端用户来说也是如此，因为他们只有 50% 的概率能在不与当前通话人断线的前提下成功转接电话。此外，我们目前还看不出这些功能中的任何一个会如何创造重大应用突破。换言之，这些技术看起来像是闯进了左上象限和左下象限之间的墙体中，试图用非连续性创新来改进现有工作流,却不进行显著的变革。无论如何,根据这个模型,这些"猎犬"是捕不到猎物的。要想取得更好的效果,那些子公司最好去尝试寻找突破性应用程序,自动语音应答设备就是一个成功范例。

另一种障碍

迄今为止我们列举的所有例子都涉及**技术**冲击。然而,实际上也存在**文化**或**心理**冲击,这里的障碍不是客观的,而是主观的,但它也是范式冲击的一部分。请考虑以下这组案例。

彩色打印机

彩色打印机对基础设施造成的技术压力很小。它的工作原理和黑白打印机一样,只是要使用不同颜色的墨盒而已。无论这里会产生什么样的范式冲击,它都发生在终端用户层面,而不是技术支持人员层面。这就意味着我们正处于模型的下半部分。此外,作为一种利基应用,在商务中使用彩色打印在训练有素的平面设计师中获得了广泛的接受,但对于其他人——我们这些"平面设计小白"而言,它并不属于通用基础设施。在这里,终端用户很紧张,担心自己会出丑(他们还记得最初获得字体应用程序时干过些什么),而财务型买家则更紧张,担心用户在向最高管理层进行演示前会为了获得恰到好处的色调效果而折腾个不停,从而降低生产效率。

所以，我们被困在保龄球道里了，不安地认为我们可能得永远待在这里了。现在，实际情况是，由于彩色打印机非常便宜，因此无论如何它都会扩散开来——人们只是不太使用彩色功能罢了。如果你经营的是打印机制造这门"剃须器"生意，这种状况很好；可如果你经营的是墨盒制造这门"刀片"生意，那就不太好了。比如说，如果用户平均每年购买四个墨盒，每个墨盒是 25 美元，那么每 100 万台使用中的打印机就能带来一亿美元的收入。不难看出，对彩色墨盒进行溢价标价，将形成一个价值数十亿美元的市场。因此，如果你制造这些耗材，那么让彩色打印获得普遍采用是至关重要的。

因此，这里需要的是一种保龄球道后期战略，让彩色打印突破平面设计聚居区，进入主流市场。一条建议是启动一个新的保龄球道，远离平面设计，专注于利用色彩来表现数据。彩色图形，而非平面设计，是这场宣传战的重点，它要表达的信息是：如果用色彩来表现数据，人们会更容易看到数据中的规律。目标客户包括所有需要在报告或演示中大量使用电子图表的人——财务专业人员、市场研究人员、战略规划人员、质量控制经理，诸如此类。除此之外，还有一类目标客户，它们是服务提供商，如保险公司，它们要推销像健康维护组织（HMO）或福利套餐这样的大项目，它们的提案文件必须能够吸引客户。这两个群体都有着令人信服的购买理由，尽管后者可能拥有获得稀缺资金的优势。

无论如何，要找到有效的目标客户是没有问题的，问题在于完整产品本身。具体来说，传统上阻碍彩色打印在办公领域获得更广泛应用的原因是缺少一个客户负担得起的彩色复印机。基于色彩的数据和建议不仅会在黑白呈现中失去魅力，而且还会丢失信息。但是，随着更低成本打印机的更迭速度不断加快，我们很快就会有一个新的选择，叫作"打印你的复印件"。这样一来，只需一名专业人员就可以端到端地控制打印过程，这对即席业务报表及方案生成而言都是至关重要的。

打印复印一体机

"打印你的复印件"是在用一种范式冲击取代另一种范式冲击。人们会**复印**复印件，而不是**打印**复印件。这是一种文化范式，随着打印与复印发生范式碰撞，它即将在全球范围内呈现出龙卷风意义。一段时间以来，这两个行业都知道，随着成本越来越低的数字化技术出现，它们的基础技术正在发生融合。现在，向未来展望的话，它们实际上是一样的。

正如我们已经看到的，范式冲击将发生在终端用户层面。人们认为复印机和打印机来自完全不同的世界，前者在传统上隶属于行政服务范畴，后者则属于计算机服务范畴。从工作流的角度看，我们只**打印一份**，但会**复印很多份**。我们认为打印很多份是奇怪的做法。我们还认为扫描是奇怪的做法，尽管这正是复印机所做的事，因此，虽然带有彩色扫描仪的打印机实际上是彩色复印机的直接替代品，但我们在心理上还没有赶上潜在的技术融合的脚步。

现在，考虑到以上所有情况，打印复印一体机正处于生命周期的什么位置？我们的"自然"倾向是把它放在左下方的主街象限中，因为所有各方都在不断改进现有技术，为现有工作流服务。但这将是一个严重的错误。事实上，心理上的非连续性会把它一直驱赶回左上象限中，因为我们根本无法想象这一应用突破，**即使它已经被实现了！**因此，"回归"主街的唯一途径就是把所有险滩都涉一遍，先是关注工作流上的突破，吸引意见领袖前来采纳，然后让务实主义者接受，接着加速回到主街。这段旅程应该比"真正的"技术采用生命周期花少得多的时间，因为它在本质上是心理流程而非技术流程，但它必须遵循同样的曲线。

校准市场接受度

我们一直在进行的非连续性分析是基于将理论预测模型应用于市场。我们也可以采取经验主义方法来探讨这个问题，从市场的实际行为倒推到目前为止。在这里，我们要了解预示生命周期状态的特征性因素。

媒体

其中一个因素是媒体。以下是发表于 1993 年 12 月 27 日同一期《个人电脑周刊》(*PC Week*) 上的三篇头版文章的摘录，每一篇后面都附有对生命周期定位的一些评论。

第一台基于 WinPad 的移动电脑将于 6 月由硬件供应商推出

据了解微软计划的开发人员介绍，第一批 WinPad 设备……将运行 WinPad 1.0 版，它是一款 16 位标准模式的 Windows 衍生产品，专为手持系统量身定制。

微软高管拒绝就 WinPad 的具体计划置评……

据消息人士透露，WinPad 的用户界面将包括目录、标签、可拖动图标、放大显示镜头以及一个类似于托盘的剪贴板。

早期市场产品的一个确切信号是，它自己的开发者拒绝对它发表评论。另一个确切信号是，相关报道将重点放在技术和产品特性上，因为这两项是早期市场参与者最感兴趣的。相比之下，主流市场对市场和公司信息更感兴趣。

现在将 WinPad 的上述前鸿沟期定位与下面这篇有关 Notes 的《个人电脑周刊》文章进行比较，请记住这是 1993 年 12 月。

Notes 管理员在向整个企业迁移的道路上推进缓慢

"网络管理员和应用程序开发人员在将莲花公司的 Notes 从部门迁移到企业的过程中发现了几个障碍。

"尽管用户普遍对 Notes 3.0 感到满意……但是企业客户发现很难开发可以在整个企业范围内使用的强大的企业级应用程序。尽管莲花公司高管大力宣扬'生活在 Notes 中'的理念，但事实上，50 万安装用户中的大多数目前只是访问一下而已。

"Notes 无法在 Unix 上使用是我们最关心的问题。"

——凯文·达希尼（Kevin Daheny）

密理博公司（Millipore）工作组应用程序开发部经理

"我们需要更好的数据库连接性，尤其是从 Notes 到我们在 DB2 上的大型公司数据库的良好链接。"

——约翰·墨菲（John Murphy）

Travelers 公司电信总监

我们在这里看到了向主流关注点的逐渐转移。注意这篇文章有多少篇幅是谈论人而不是产品的。产品已经跨越了鸿沟，正如"从部门迁移到企业"和"用户普遍对……感到满意"等措辞所表明的那样，但它还没有完全为巅峰期做好准备，正如对"虽然"一词的反复使用所表明的那样。总的来说给人的感觉是，用户想要来一场龙卷风，但 IT 人士却表示，该完整产品尚未达到龙卷风级基础设施部署的要求。

因此，我们可以得出结论，Notes 默认处于保龄球道期，哪怕并不存在利基市场营销的迹象，而在完整产品上则存在着龙卷风式需求和近乎鸿沟式缺陷的平衡不稳定性。

赛贝斯极大地提高了 SQL 服务器的性能

为了满足拥有超大数据库的公司客户的需求，赛贝斯公司提升了 SQL Server 10 服务器的性能、功能和容量，这是该公司 System 10 产品组的数据库服务器核心。

SQL Server 10 从 10 月开始以 1995 美元起的价格发货，它极大地提高了数据库创建、批量数据加载和索引创建的性能……

随着众多公司在向分布式系统靠拢，赛贝斯公司及其竞争对手 ASK

集团公司、Informix 软件公司以及甲骨文公司等供应商都在提供类似于 System 10 的产品……

在这里，产品属于"像牛奶一样安全"的类别，鉴于随后被曝光的 Server 10 的局限性，这多少有点儿讽刺意味。文中列举的所有创新都是连续的，包括性能、功能和容量，许多其他主流供应商都在"提供（与它）类似的产品"。请注意，这里着重强调的是公司和市场问题，而不是产品和技术。所有这些都表明了主流定位，无论是在龙卷风期还是在后龙卷风期。由于文中并没有对你死我活的竞争进行太多的强调，而这正是人们对龙卷风产品的一贯预期，因此我们在这里得出的结论是，赛贝斯的 System 10 正处于主街期。

其他参考因素

除了新闻报道之外，预示生命周期状态的第二条线索来自服务于该基础设施的其他公司的行为。例如，惠普公司的卢·普拉特意识到，当软件供应商开始给他打电话而不是等他打过去时，这说明他们的商用 Unix 服务器业务已经进入龙卷风期。更进一步说，当龙卷风来袭时，发现大猩猩最容易的方法就是寻找这样一家公司，它的平台是其他公司首选支持的对象。如果有很多移植活动都集中在某个单一供应商那里，那么即使那个供应商不是你，这也是一个很好的迹象，表明你和它们都处在龙卷风市场中。

来自服务于该基础设施的公司的第二个标志是克隆行为。大多数公司不会费心去模仿一个产品，除非它正处于龙卷风中，而且是大猩猩产品，因为市场上根本没有足够的需求来保证这种行为在其他时候也有必要性。这种克隆行为与第三个龙卷风预警齐头并进，即产品类别内部出现广泛的价格折扣——对大猩猩产品（作为将顾客吸引进商店的亏本出售商品）和克隆产品（目标是获得尽可能低的价格）而言都是如此。

因此，你可以阅读商业媒体如《商业周刊》（*BusinessWeek*）和《华尔街日报》（*Wall Street Journal*），阅读 IT 行业新闻如《个人电脑周刊》和《计算机世界》，通过《计算机经销商新闻》（*Computer Reseller News*）这样的杂志密切关注间接渠道，更不用说每天报纸上刊登的广告了，然后按照上述模式分析实际新闻报道，就可以得到一幅很好的综合视图，表明市场认为某项技术在生命周期中处于什么位置。这样做是为了防止将媒体对早期市场产品的热情误认为是实际市场接受度，毕竟，对媒体而言，早期市场产品是业界唯一的真正新闻，而那些在死亡后获得年度产品奖的产品简直数都数不清。同时也要注意，不要从价格折扣中得出太多的结论，因为它既可能是市场生命周期影响的结果，也可能源自糟糕的营销决定。

团队决策

无论你对公司在生命周期中所处位置的判断是否绝对正确，任何团队的关键成功因素都是达成一致意见，然后在此基础上采取行动。如果你们都朝着同一个方向努力，那么在前进的过程中要调整路线就会容易得多。

以下是一些"有用的提示"，可帮助你的团队实现目标。

- 一种产品尚未开始出货并不一定意味着它正处于早期市场。相反，一旦它开始出货，就应该将它定位在公司团队认为它即将**进入**的生命周期阶段。例如，每一代新的动态随机存取存储器（DRAM）都会直接进入龙卷风。

- 同一件产品可能同时处在生命周期的不同阶段，这取决于全球环境的不同。通常，日本、美国和德国的市场彼此不会同步。因此，在进行团队选择时，要明确地理位置。

- 你可能不经历龙卷风就直接到达主街。有时我们把这种产品称为"永远的保龄球道"。它们从没有成为过通用型基础设施，但它们的市场确实成熟了，其完整产品最终的确在它们所服务的利基市场中成为一种商品化产品。当你清楚地意识到未来出现龙卷风的可能性很小时，就应该重新调整市场营销重心，采用主街的 +1 策略。

- 如果你的产品情况一落千丈，这并不一定意味着你进入了鸿沟期。产品在生命周期中的任何位置都可能失败，尽管在龙卷风中失败需要有特殊的原因。

- 如前所述，你可能在一个单一的保龄球道细分市场中遭遇"局部龙卷风"。供不应求会对你的员工造成龙卷风般的影响，但不会给你的股东带来龙卷风般的回报。你应该把它视为一个最火的保龄球瓶市场。

现在，本章的材料已经讨论完毕，只剩下最后一个似乎总是会跳出来的问题：如何预测龙卷风的开始时间？

如何预测龙卷风的开始时间

一方面，我认为在我结束这一章前至少得设法解决这个问题，因为一旦人们开始使用生命周期模型，这就会成为他们最常挂在嘴边的问题之一。但另一方面，我认为没有人会相信我真的能回答这个问题——如果我能的话，现在我就应该安坐在那里，手里拿着杯"椰林飘香"鸡尾酒，凝视着远方蔚蓝色的太平洋，胸口竖着一本好看的小说，上方撑着把高档遮阳伞，随着晨困来临，眼皮开始打架，难道不是吗？

然而，尽管如此，我们至少可以按照以下方式来表述这个问题。

- 首先，保龄球道的成功先例有助于龙卷风启动，因为它们验证了产品架构的有效性，尽管是在有限的条件下进行的。没有这样的成功先例，就算龙卷风想要启动，也难以离开地面。有太多的事实标准尚未出现，因此，龙卷风准备就绪的一个迹象就是一些利基市场的成功先例已经出现。

- 其次，在零售市场，价格点是龙卷风准备就绪的关键指标。根据经验粗略估算，价格低于1500美元，产品就可以进入小型办公市场，而低于1000美元就会引发龙卷风。同样地，低于700美元会让产品进入家庭市场，而低于 300 美元就会引发龙卷风。当然，这些都不是固定规律，但说到预测，本就不存在固定规律。

- 更抽象地说，龙卷风需要对完整产品商品化。哪怕只剩一个重要组成部分还需要稀缺型专业知识来加以整合，市场就很难进入龙卷风期。相反，一旦这最后一个障碍被移除，那么只要市场会进入龙卷风期，它就应该几乎是立刻进入。如果市场在这种情况下没有掀起龙卷风，那么这通常意味着这里不存在杀手级应用程序，不存在令人信服的购买理由。

- 龙卷风的最大信号是"杀手级应用程序"，但我不清楚究竟是龙卷风带来了杀手级应用程序还是反过来。关于这些应用程序，我们所知道的是，它们提供了通用型基础设施，对大众市场具有吸引力，并且是可商品化的。

- 当有一家大猩猩公司开始出现时，你就可以知道龙卷风已经开始了。然而，到那个时候，想改变历史通常已经太迟了。

- 最后，赌龙卷风会在某个特定时间到来就像买彩票并期待中奖一样。这里存在的变数实在太多，因此这一类赌博毫无意义。

承上卷，启下卷

在本书的上卷"超高速增长市场的发展"中，我们一直在探讨可追溯到技术采用生命周期的市场力量的影响，并且宽泛地讨论了适合每个阶段的行动方针。总之，这是一种**导航**练习，目标是绘制一幅生命周期图，并学会如何正确解读它。我们在上卷的最后一个任务是探讨如何将非连续性模型和生命周期模型作为一种六分仪或导航工具来使用。

现在，我们即将进入本书的下卷——"对战略的影响"，目标是将上述理念与以下这些传统的商业战略关注点整合在一起。

- 战略合作伙伴关系。
- 竞争优势。
- 定位。
- 组织领导力。

所有这些关注点的共同点是，它们在**权力**及其在整个市场和个体公司内部的分配方面有着共同利害关系。在我们经历一个生命周期的过程中，当关键性成功因素发生变化时，不同的人和机构的权力也会随之变化。只要生命周期延续的时间相对较长，我们目前的市场和管理机构就能够吸收这些变化。

然而，在高科技领域，它们再也做不到这些了，而且这种趋势正越来越多地向其他快速变化行业扩散。生命周期进化得太快，而且有太多的生命周期同时存在。权力易手太频繁，我们的传统市场机制和管理体制跟不上它。这就造成了战略合作伙伴关系的幻灭，对可持续竞争优势的困惑，对定位的迷失，以及我们的直线型企业组织之间的怨恨情绪。

在前进的道路上，需要对在快速变化的市场中如何定义和维持最根本的权力关系进行某种彻底的反思，这就是本书下卷要思考解决的问题。

下　卷

对战略的影响

INSIDE
THE TORNADO

第七章　战略合作伙伴关系

$\style{font-size:3em}{\text{战}}$略合作伙伴关系在过去的十年中已成为高科技商业战略不可或缺的一部分，这在很大程度上是由向**开放系统**迁移导致的。这种范式的出现通常被认为源于客户对供应商锁定的愤怒感，但事实上，它对转换成本几乎没有任何实际影响，对客户忠诚度的影响则更小。这就好比马厩的围栏可能没有以前那么高了，可马一旦被圈起来，就会一直倾向于待在围栏里。事实上，开放系统的最大影响在于供应商如何互动以完成完整产品并竞争市场领导地位。

在 IBM、DEC、优利和其他主要系统公司的旧的管理制度下，垂直整合是竞争战略的支柱，而合作伙伴和盟友就像领航鱼一样，只要能避开大鱼的嘴巴，就可以被容忍。完整产品的投资是如此之高，以至于只有少数几家公司有实力涉足市场，而它们反过来需要尽可能多的客户资金来收回投资。这个时期的营销是秘密进行的，客户开发是排他的，供应商之间会保持距离，重点是将依赖性降到最低以及保持控制力。

微处理器的出现破坏了这一体系，它使硬件投资模式的成本大大降低，这意味着供应商完全可以一同分享市场，大家都能从中获利。事实上，没有一家供应商拥有足够的资本来彻底消除对其他供应商的依赖性，因此，苹果公司在 Apple Ⅱ 中开发并引入了一种新的开放式架构和供应商间合作范式，此后由 IBM 的个人电脑部门和太阳计算机系统公司广为传播。这些公司不会**允许**合作伙伴在自己的电脑机箱中填补空缺——它们只会**招募**合作伙伴来这么做，然后市场营销会转向更为开放的沟通模式，重点是共享信息，以实现共同成功。

在一个开放型架构模型中，供应商可以自由地采取最优策略，而不必对整个解决方案投资负责。这种经济环境有利于规模较小、更灵活的企业实体，而在旧的范式下取得成功的供应商则处于成本劣势。如果多家公司竞相提供产品的各个部件，并且所有方面的工作齐头并进，那么完整产品就能够更快进入市场。

这一新战略最早也是最引人注目的表现之一，是太阳公司在技术工作站市场上对阿波罗公司的非凡跨越。根据龙卷风期的所有规则，这本不应该发生。阿波罗公司是公认的大猩猩，市场本应对它保持忠诚，而不是转而去支持一个替代范式。那么现实为什么不是这样呢？答案是，太阳公司的开放系统战略使其在产品制造上大大超越了阿波罗公司，而且由于在龙卷风中，谁采取"一门心思地出货"策略，谁就会得到销售业务，所以太阳公司得以超越其前辈，尽管前辈占据了市场领导优势。

太阳公司之所以能够超越阿波罗公司，是因为它的开放系统战略使它永远不会成为自家完整产品开发的瓶颈。相反，它利用战略合作伙伴关系将所需的组件外包出去，依靠自由市场的自然机制最终将完整产品整合起来。太阳公司**构建**并**编排**了这些完整产品解决方案，但实际上它并没有制造甚或购买它们。换言之，在一直以来被认为只能在"制造或购买"中二选一的决策中，"合作"成为一个新的重要选项。作为其合作战略的结果，太阳公司获得了更为灵活的供应线，其本身基本上没有付出任何成本。

作为一个产业，高科技仍在吸收这一教训带来的深远影响以及它对公司关系的迅速调整，而我们则仍在探索开放系统合作是如何在市场内部分配权力的。为了进一步深入了解这种相互作用方式，让我们来看看技术采用生命周期是如何控制战略合作伙伴关系依赖性的出现和瓦解的。

完整产品的演变

对技术采用生命周期模型的另一种阐述是，展示完整产品不断演变和集成的过程，如图 7-1 所示。

在生命周期的开始，完整产品包括一个勉强完成的核心产品，该核心产品被一层定制服务的外壳包围，这些定制服务是让任何特定应用程序工作所必需的。这就是早期市场时代，这时意见领袖会承诺接受可能只完成了 80% 的产品，将之作为实现应用突破的基础。为了取得这一结果，他们在很大程度上依赖于系统集成商的服务，集成商会把完整产品整合在一起。这的确是一项具有挑战性的事业，任何特定项目的服务内容通常都会比产品投资高出数倍。

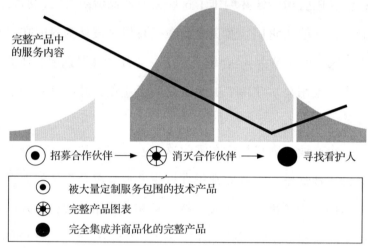

完整产品中的服务内容

招募合作伙伴 ——→ 消灭合作伙伴 ——→ 寻找看护人

◉ 被大量定制服务包围的技术产品
✳ 完整产品图表
● 完全集成并商品化的完整产品

图 7-1　完整产品的演变和集成

　　为了跨越鸿沟并获得务实主义客户的认可，供应商必须将完整产品制度化，最初是针对某一特定的客户利基市场。该结构是现有产品和服务的混合体。它与早期市场同类产品的区别在于，每一个组件都是已经存在的，没有一个是从零开始创建的。诚然，仍有一些调整工作要做，但不需要进行新的设计工作。因此，产品会以合理的连贯性和速度进行自我复制，工作可以在客户之间复制利用，最终在利基市场之间复制利用，从而降低成本，提高可靠性。

　　为了实现这些目标，主要供应商——通常是核心产品的提供者，必须招募合作伙伴，后者将承诺制作完整产品的一个或多个指定组件。任何组件都不能处于"未分配"状态，以免完整产品出现缺陷，客户无法获得承诺的结果。正是在这一点上形成了非正式合作伙伴关系网络，它是大量高科技业务赖以存在的基础。

然而，一旦完整产品被吸入龙卷风，市场就会施加越来越大的压力，要求将解决方案进一步标准化，从而令它在简单性和成本方面更接近商品级别，以便支持日益广泛、日趋廉价的分销。为了降低成本和提高可靠性，完整产品的预集成程度必须越来越高，并且必须尽可能多地删除服务内容，这就会产生一种效应，即开始消灭看似不久前才刚刚建立起来的合作伙伴关系。

这一过程会在整个龙卷风期持续，并一直进入主街期，直至到达合作的绝对低点，完整产品完全被核心产品吸收。这时，需要用 +1 营销策略来对现在已成为低利润商品的产品进行差异化区分。随之而来的是极其有限的机会来重新开启合作伙伴关系——假如还有人愿意跟你谈判的话。

最后，在生命终结期，服务内容以看护人的形式重新登场。过去为产品提供服务的基础设施已经被移植到更新过的范式中，所以那些仍然依赖于旧平台的客户需要获得支持。正如我们在国际联合电脑公司（第五章）的案例中看到的，这种服务确实有利可图。

让真正的问题浮出水面：权力

这一切的关键在于，合作伙伴关系在完整产品的演变压力下不可避免会陷入相互误解中，而让这种关系向前推进的唯一方法是让真正的问题浮出水面。归根结底，这些问题都围绕着唯——个关注焦点，即权力。为了有效地管理和沟通，为了现实地制定战略，我们需要有一个公共模型，用来说明如何在市场内部合理分配合作伙伴的权力。与其他一切事物一样，这种权力关系会随着生命周期的展开而发生转变。

早期市场

在早期市场中，权力掌握在技术提供商和系统集成商手中。前者有诱饵把意见领袖型客户吸引到市场中，后者则有必要的解决办法让他们安顿下来。

以早期市场中的两家公司 Savi 和 Gyration 为例，它们都是由"定位"的愿景驱动的。Savi 公司有一个发射器和接收器系统，允许运输中心和仓库随时跟踪和检索货物集装箱及里面的特定内容物。Gyration 公司有一个微型固态陀螺仪，大约有一个高尔夫球大小，重量只有百克上下，可以像任何陀螺仪一样探测到动作和姿态的变化，从而可以被纳入任何需要跟踪位置或定位的系统中。

与许多早期市场产品一样，这两种产品都可以支持来自众多业务部门的大量应用程序。因此，虽然 Savi 公司专注于联合运输，特别是火车与卡车进行货物转运的堆场，但已经有一家汽车公司在与它接洽讨论工厂内集装箱跟踪的业务，一家食品合作商店也在与它接洽讨论易腐货物跟踪的业务。类似地，虽然 Gyration 公司专注于开发"自由空间鼠标"——允许个人电脑演示者、游戏机玩家和喜欢泡在电视机前面的人与屏幕上的指针互动的手持设备，但是汽车导航供应商和摄像机设计师已经在与它进行接洽。

现在，无论是哪种情况，早期市场中的公司都没有用于整合的资源，所以无法利用这些机会。对于 Gyration 公司而言，这些资源可能由客户提供，但对于 Savi 公司而言，它肯定需要一个独立的系统集成商的服务。为什么？因为意见领袖型客户希望大大领先于市场部署新的基础设施，但它们又缺乏这样做的技术诀窍和项目管理技能。这正是集成商所能提供的稀缺型专业知识，一旦系统集成商出现了，所有权力就会被移交给它们。

除了技术提供商和系统集成商之外，其他人都是旁观者，他们在系统集成商的召唤下被带入这场游戏。这时候旁观者之所以会感兴趣，是因为意见领袖的交易往往会带动一大批补充性基础设施产品和服务的购买。如果这些旁观者本身就是市场领导者，那么系统集成商会谨慎地承认它们的地位，在不放弃客户控制权的情况下寻求与客户建立良好关系。另外，如果旁观者仅仅是商品供应商，则系统集成商会期望并且让它们立刻行动起来。

保龄球道

在保龄球道中，以及在跨越鸿沟时，权力集中在向利基市场发起攻击的领头人手中。作为领头人的公司已经确定了目标客户的范围，理解了令人信服的购买理由，并且设计好了完整产品。这些领头公司看到了市场机遇，而其他公司都没有看到。所以，它们实际上是在为一次采矿探险招募合作伙伴。它们是那些拥有金矿地图的人，这就是它们所握权力的来源。

因此，让这种合作关系发挥作用的关键，是以领头公司对营销机会了解程度为基础的领导力。这种领导力并不是基于领头公司拥有规模宏大的公司形象。我之所以强调这一点，是因为许多小公司认为规模宏大是获得强大盟友支持的先决条件，但事实完全不是这样。

在第二章引用的 Documentum 公司的例子中，公司为制药行业的 CANDA 应用提供的完整产品需要太阳公司、甲骨文公司和 CSC 的积极支持。这三家公司都是价值数十亿美元的企业，Documentum 的年收入在它们的财务计算中就跟一次四舍五入的误差差不多。然而，这三家公司都让 Documentum 领跑，结果，三家公司都在其主流市场中获得了一次 +1 利基市场扩张。

这里存在着一种令人好奇的共生形式，具体如下：小公司的保龄球瓶可以成为大公司的 +1 延展。大公司需要这些利基市场扩张来发展它们的主街业务，但是它们的管理机制使它们很难在公司内部支持这些努力，因为最初的收入数据看起来太微不足道，不值得为之花费力气。它们仍在遭受后龙卷风综合征的折磨，此时，任何不能带来本垒打式辉煌业绩的工作似乎都不值得费心去做。

当一个精力充沛的局外人前来提出明确的目标和优秀的计划时，就能填补这一领导层真空，将主街公司拉入在其自身权力之下无法进入的新机会领域。在这里，成功的关键是拥有不断升级的早期胜果。大型供应商的注意力跨度很短，很多人都在争相吸引它们的注意力，但没有什么能比成功案例更能突破混乱局面。

简言之，领头公司的权力取决于其作为"颁赏指环者"（这是日耳曼部落对其首领的称呼，首领负责向战士们分配酬劳）的能力。领头公司的努力重点必须是确保联盟中的每一位合作伙伴都能赚钱，特别是在最初的几笔业务中。这笔钱为合作伙伴关系启动了活力泵。活力泵一旦开始运转，就会自给自足，这时候领头公司就可以坐享其成了。

龙卷风

在龙卷风中，权力集中在大猩猩公司和它们的亲信手中，我们可以称之为"俱乐部"。俱乐部的候选人名单由完整产品库存的内容决定，市场从中为每个组件选择一名领先的候选人。这一批候选人被选定为"制度化"解决方案组，其中的每一个组成部分都保证彼此兼容。客户也可以用别的组件供应商替代该解决方案组成员，而且大多数客户迟早都会这样做，但这样做的风险他们得自己承担。

因此，在 DOS 时代，"个人电脑俱乐部"包括微软、英特尔、IBM、莲花、MicroPro 和安信达公司。当局域网时代来临时，俱乐部扩展，吸纳了诺威尔和康柏公司。当互联局域网时代来临时，俱乐部进一步扩展，吸纳了思科和 Synoptics 公司。与此同时，在《财富》500 强企业的总部，客户机/服务器革命已经撇开了 IBM 主导的由 Dun & Bradstreet 公司等硬件、数据库及应用程序供应商组成的守旧派，成立了一个新的俱乐部，数据库领域由甲骨文公司领导，服务器领域由惠普公司领导，金融应用程序领域由思爱普公司领导。

　　围绕着这个大猩猩俱乐部，一群猴子在跑进跑出，试图利用大猩猩之间的竞争来投机取巧获取生意。我们很容易断言这些猴子没有权力。如果你单独看它们中的任何一只的话，这是对的，但作为一个整体，它们起到了减少摩擦的润滑剂作用。当这只或那只大猩猩无法跟其他大猩猩共处时，猴群可以为大猩猩团队提供足够的替代品。此外，作为一个群体，猴子对市场价格有相当大的影响，特别是在龙卷风后期，这会迫使大猩猩进入将合作伙伴设计出局的模式，最终使俱乐部分崩离析。

　　然而，龙卷风中最大的挑战是正确定位黑猩猩的角色。这家公司拥有多少合伙权？答案高度视情境而定。当黑猩猩在自己的稳固客户中运营时，它就拥有相当于大猩猩的权力，并被视为俱乐部的"虚拟会员"。在这种情况下，黑猩猩获得权力为解决方案组中它们负责的那个部分设定事实标准，猴子们必须服从它们，就像它们服从大猩猩那样。然而，在它们自己的安装用户群范围之外，黑猩猩的地位更像一只"表现良好"的猴子，而其他俱乐部成员不必为此感到不好意思。在这里，黑猩猩必须遵守大猩猩的标准，并且与丝毫不尊重它们的猴子们直接竞争。

　　关键是，在龙卷风中，黑猩猩的权力极不稳定。黑猩猩这种角色其实并不存在，它始终是一个替代品，在大猩猩和猴子这两个稳定角色之间变幻不定。解决这一困境是黑猩猩竞争战略的本质，我们将在下一章更深入地探讨这一问题。

主街

　　随着市场向主街迁移，本已经从服务供应商手中剥离的权力现在也开始从产品供应商手中剥离。这一转变的受益者，即正在接手权力的一方，是分销渠道。现在，伙伴关系中的权力关系首次出现了功能失调的倾向。

这种模式在个人电脑行业很明显，在这里，主街的首选零售渠道是电脑超级卖场，比如 CompUSA、Tandy 的 Incredible Universe，或者是硅谷当地最受欢迎的 Fry's。它们的权力基础是控制接触客户的机会与塑造和客户的互动方式。当然，它们的目标是最大限度地增加交易总量以及提高每笔交易的利润率，同时将管理费用保持在最低水平。这一目标常常使它们与大猩猩产品供应商发生利益冲突，而这正是出现权力斗争的地方。

例如，零售渠道会以尽可能低的价格为大猩猩的一种或多种产品做例行广告，以吸引顾客进入它们的商店。一旦顾客被这个诱饵吸引进来，销售人员就会按照指示将他们导向购买利润更高的产品。这种行为受到黑猩猩和猴子们的鼓励，通常是以额外的佣金或回扣的形式，以便使它们的产品销售更加有利可图。不用说，这一切都让大猩猩抓狂，并导致了无数的战术回应，但迄今为止，没有一种战术是特别稳定的。关键在于，所有这些战术回应无异于承认权力已经转移到了分销渠道手中。

在由直销团队等高端分销渠道服务的市场，同样的模式也在起作用，只是这些渠道看上去是在产品供应商的控制之下，从而掩盖了这一点。然而，这种看上去的"事实"其实是一种幻觉。直销团队和其他任何分销渠道一样，都会为了自身利益而采取优化措施。由于无法看清这种运作机制，IBM 和优利这样的大型机供应商继续遭遇困境。具体情况是这样的。

当完整产品是如此复杂，以至于永远也不可能商品化时，即使在主街期，它们也会产生高利润。在某种程度上，这是因为转换成本使在生命周期的这一点上展开竞争成为不可能，这就是所谓的"供应商锁定"，这对任何分销渠道而言都是一段甜蜜时光。对现状的唯一威胁是基于新范式的基础设施换出。因此，直销团队永远不会做的一件事就是引入新范式。于是，像IBM或优利这样的公司，由于依靠一个单一直销渠道与其大型机安装用户进行互动，因此其新范式解决方案的销售之路事实上被阻断了，它们必须懊丧无助、眼睁睁地看着竞争对手肆无忌惮、**毫无后顾之忧**地掠夺它们的安装用户！

对于个人电脑供应商和大型机供应商而言，摆脱这种问题状态的方法是，通过找到通向客户的备用路径来攻破直销渠道的后方。然而，尽管许多管理团队都清楚这一点，但实际上他们在改变这种局面方面却收效甚微，这恰恰证明了渠道的权力。

最后，在个人电脑行业，有一类大猩猩在这一系列事态变化中获得了极大的好处，它们是核心技术提供商，包括微处理器供应商英特尔、操作系统供应商微软、硬盘供应商希捷和康诺、DRAM内存供应商东芝（Toshiba）和三星。这些供应商不在乎分销渠道卖的是大猩猩产品、猴子产品还是黑猩猩产品，因为这三种产品都必须将它们的产品纳入其中。其他供应商在完整产品中的份额商品化程度越高，市场上的总销售额越高，它们的股票价格就飙升得越高。

以上就是在技术采用生命周期内合作伙伴关系内部的权力分配演变。

在任何情况下，控制客户关系的公司都拥有最大的杠杆力。在早期市场，它们主要是系统集成商。在保龄球道，它们是领头公司。在龙卷风中，尤其是对于基础设施买家而言，它们组成了大猩猩俱乐部。而在主街上，它们就是分销渠道本身。

　　不管怎样，理论上就是如此。在实践中，局部的力量和战术对局势的影响很大，在战略层面引发了许多有趣的问题。现在让我们举例说明。

关于战略的五个问题

（1）如何判断某个合作伙伴关系是否真正具有战略意义？

　　这个问题出现的频率超出了人们的预期，通常是由合作伙伴对资源受限的操作系统提出各种要求引发的。如果该合作伙伴关系具有真正的战略意义，那么管理团队应满足对方的要求，但要做到这一点，就必须让一些不太具有战略意义的关系往后靠。那你如何才能知道哪些真正有意义，哪些不太有意义？

　　你要避免的关键错误是，认为与大猩猩的伙伴关系比与黑猩猩甚至是与猴子的伙伴关系更重要。相反，你首先要问的问题是，我们是在为一个单一的收入机会进行合作，还是在为潜在的收入来源进行合作，抑或是为了获得市场领导地位而进行合作？在这三个目标中，市场领导地位是唯一的战略目标。

　　诚然，收入本身是公司的生命线，但是战略关注的是销售业务的未来影响，而不是直接影响。其中最重要的影响是你在成为市场领导者的过程中取得的进展，无论是在利基市场还是在龙卷风中。市场领导力是一种占领地盘的游戏，在游戏中，你会过度投入资源，以便在目标细分市场中优先保证销售。以该细分市场为重点的合作伙伴关系有权获得这些资源的额外支持。

既然一次单一的收入机会在这个意义上不具有战略重要性，那么它就显然无权享有战略地位。但是，如果这个机会还悬着未来收入来源的诱饵呢？比如整个委内瑞拉都将根据你的产品进行标准化，你将在未来几十年里收取版税。这是一个模棱两可的案例，它提出了一个"净现值"问题，即这场赌博是否值得冒这个风险。咨询师的经验表明，这几乎从来都是不值得的。收入来源根本就不可能这么轻易地跑到你的家门口，它最终会流向市场领导者，至少其盈利部分如此，然后再流向其他对市场做出结构性承诺的玩家。

所以，简单地说，只有当一个合作伙伴关系是在致力于完成你赢得目标市场头把交椅所必需的完整产品时，它才是战略性的。

（2）如何管理在没有具体完整产品目标的情况下建立的战略合作伙伴关系？

进入 20 世纪 90 年代后期，我们在数字融合的舞台上看到了很多这样的事情，这时候计算机、电话、广播和娱乐公司都争先恐后地开始建立关系。事实上，这里出现了某种意义上的疯狂冲刺，那些还没有建立合作伙伴关系的公司因为害怕被完全排除在竞技场外所以蜂拥而至。我对这种举动的看法是：这不是**糟糕**的策略，而是**可怕**的策略。

在没有完整产品作为焦点这一前提下形成的合作伙伴关系绝对是无法管理的。这种关系在本质上是奢靡浪费——当人们像热锅上的蚂蚁一样急于弄清楚自己应该做什么时，这种关系会疯狂地消耗资源。就机会成本而言，它惊人地高昂，这是因为最高管理层真的认为它能炮制出某种有成效的东西。其实它并不会。但是到事实已经摆在眼前时，原本可以用来做一些真正有成效的事情的一年或几年的机会已经完全无法挽回了。

朝着完整产品的方向前进是合作伙伴关系的关键反馈机制。回想一下，完整产品本身被定义为在目标细分市场中客户要实现我们所承诺的价值主张所需的最小产品和服务集。假设这个价值是客户真正需要的，那么这些客户的采用情况将告诉我们这个目标是否已经实现了。客户不采用意味着完整产品有一个或多个组件缺失或集成不当。这反过来又使合作伙伴小组得以关注还能做些什么来激活这个市场。

上述一切都会带来协调有序的市场发展活动以及可衡量的成果。只要反馈效果达不到这种程度，就会导致持续时间不确定的市场考察期，但考察结果可想而知。如果你是在某种特定的完整产品的承诺形成之前加入了某个合作伙伴关系，那你得把选择目标市场作为你的首要任务，否则你应该逃之夭夭。

（3）如何判断哪些情况下应该建立合作伙伴关系，而不是自行制造或购买？

在 20 世纪 80 年代，我们懂得了，如果你正在做一个"制造或购买"的决定，正确的答案几乎总是"购买"。这可以节省时间，避免在不增加相应价值的情况下产生成本增加的风险，并且让你得以把所有精力集中在可以获得最佳边际投资回报的地方。高科技行业汲取这一教训所用的时间比人们想象中要长，因为高科技是一个充满工程师的行业，他们抵制任何不是在这里发明的东西——但总的来说，我们已经控制住了这一点。

我们现在要做的更具挑战性的决定是，是否要**建立合作伙伴关系**，以获得我们所提议的完整产品的关键组成部分。合作确实违背了工程学的基本思维方式。它需要应对模棱两可性，也需要信任，而这两者都不是技术界的强项。更糟糕的是，它是市场营销所倡导的东西，这预示着后面肯定会出问题。

尽管如此，建立合作伙伴关系是市场发展的关键，而不仅仅是为了获得我们在讨论开放系统时所探讨的所有那些杠杆作用。合作伙伴关系创造了真正推动这些杠杆所需的**市场力量**。也就是说，在开放系统解决方案中，一切都**应该**是即插即用型的，但在现实中，一开始任何产品都做不到这一点。因此，只有那些得到特别关注的解决方案才能达到必要的最终集成级别。成功建立合作伙伴关系将使一批公司专注于一个特定的解决方案集，从而实现这一目标。

此外，通过在多家公司之间分摊市场发展收益，建立合作伙伴关系就能在市场上获得多方面的支持。现在其他公司与你的成功有着利害关系。相比之下，当完全垂直整合的供应商成为赢家时，没有其他人获益，这就意味着市场上的每一只手都在与它们作对。

因此，合作伙伴关系提供了关键的杠杆作用。然而，与此同时，它们的管理成本高昂，并且令人疲惫不堪。按理说，在任何一个机会中，总共有两到三名合作伙伴可能是最优组合。在这个团队中，每一个合作伙伴都需要做一些实在的、具有挑战性的工作，同时获得与之相应的奖励。当这些条件得到满足时，通常最好的策略是合作，而不是购买或制造。

（4）如果可以的话，为什么不应该把所有的合作收入都留给自己？

可以肯定的是，当单一供应商独自垂直整合完整产品时，最初的影响对所有直接参与者都是积极的。供应商不仅可以得到客户所有的钱，而且由于它可以对完整产品进行端到端质量控制，因此客户可以得到更好的解决方案。然而，这一决定的长期影响可能是负面的，原因有二。

原因一：由于在这里无利可图，因此没有其他供应商会被吸引进入市场，市场的增长速度就只能和主导供应商一样快，而主导供应商的增长速度只能像它的门控因素所允许的那样快。但是，如果供应商能够在更广泛的联盟基础上利用其主要产品资产，它就可以消除这一限制，从而增长得远比前者更为庞大迅猛。

原因二：正如我们在对保龄球道的讨论中所看到的那样，丰厚的服务利润率诱使供应商停留在保龄球道中，而不是将完整产品商品化，以便在龙卷风中运行，这就使供应商很容易受到竞争对手发动的端线外侧迂回进攻，这种竞争对手在当前市场上没有投放任何赌注，所以也没有什么可失去的，正如 Unix 服务器供应商现在发现的，新兴的微软 NT 群体就是这样。

事实证明，在开放系统市场中，建立合作伙伴关系几乎总是最佳策略，只要你能让合作关系不偏离重点。归根结底，在这里只有一样东西能起作用，那就是钱，而唯一重要的钱是客户的钱。市场领导者的责任是为其他合作伙伴创造市场。在钱真正到手之前，合作伙伴关系一直处于停滞不前，并随着一分一秒的流逝不断老化的状态。就好像该关系从一开始就被定时了，为了让各方保持参与的兴趣，第一、第二、第三笔生意最好能如期敲定。

所以，如果你手头有一笔生意，你可以选择把它全部留给自己，也可以选择把其中的一部分让给另一位合作伙伴，这时你要问问自己：这是一种战略合作伙伴关系吗？如果不是的话，那就要想方设法自己独吞。因为，收入就是收入。如果这真的是战略合作伙伴关系，那么把生意分给正确的战略合作伙伴就是成本最低、回报最高的市场开发投资。

（5）如何在龙卷风中与大猩猩共舞，然后安然无恙地离开？

"interesting"这个词的确很适合用来形容那些能满足大猩猩产品所衍生的附属需求的公司。它们是制度化完整产品的合作伙伴，现在必须玩抢座位游戏，看看谁能留下来，谁又会随着完整产品的商品化进程而被设计出局。我要再次强调，我们的战略原则是，如果我们不是大猩猩，那么这就不是我们的市场，最终我们将被迫退出。因此，我们必须采取相应的行动。

首先，我们必须认识到，随着龙卷风平息下去，大猩猩公司将开始认为我们的业务其实是它们的业务，而客户在寻求预集成程度越来越高的完整产品的过程中，将支持大猩猩把我们设计出局。因此，我们所拥有的只是在大猩猩的领地内销售我们产品的临时许可证。随着许可证即将到期，我们需要将业务转移到某个新的、有望与此相关的领域，并将原先的商品份额割让给大猩猩或是低成本的克隆商品。换言之，我们不应该怨恨世界上有微软、英特尔、IBM和太阳这样的公司，而是应该尽可能持久地利用这些公司为我们创造的商业机会，然后感谢它们让我们搭了顺风车。

那么，为什么大多数公司都没有表现出这样的风度呢？问题就在于，龙卷风中产生的交易额是如此巨大，我们很难想象如何才能够取代它。所以，主动放手似乎很可笑。毕竟，谁会去向我们的股东解释说，我们所创造的一切收入从来都不真正属于我们，我们只是在大猩猩的种植园里分享收成？遗憾的是，对于这个问题没有什么理想的答案。我们的确就是那么做的，如果我们的投资者们认为不是这样，那么他们（或许也包括我们）就是在给我们的股票设定错误的价值。

从中短期来看，摆脱这一困境的唯一可行办法就是保持足够的持续性创新，让我们刚好处于大猩猩无法够到的地方。当然，从长远来看，我们必须找到一个可以让我们成为大猩猩的地方。

作为服务提供商建立合作伙伴关系

到目前为止，我们已经从合作生产完整产品的产品供应商的视角来研究过合作伙伴关系带来的挑战了。但是要完成完整产品，服务提供商也是必不可少的，它们也必须经历相同的生命周期。图 7-2 是它们眼中的生命周期。

完整产品的服务提供商的利润率与其预集成程度成反比。在周期的前端，这种预集成程度很低，服务提供商是高利润率"深水"中的鱼。在后端，预集成程度很高，这使服务提供商成为一条"浅水"鱼。事实上，在利润率变"浅"的某个时刻，服务提供商有必要与销售渠道合并，因为这时已经不再需要一个以上的服务组织。

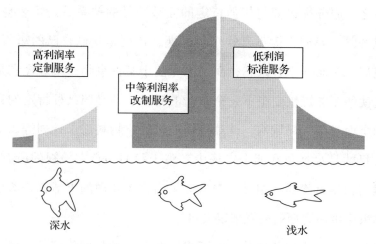

图 7-2　服务提供商和生命周期

　　然而，在这种演化的每一个阶段，鱼都可以茁壮成长。但它们需要通过不同的组织结构来进行演化。也就是说，这些供应商中的每一个在完整产品的演化过程中都有一个"甜蜜点"，在那里所需的服务水平与其核心能力直接匹配。这些甜蜜点既是暂时的，也是永久的。说它们是暂时的，是因为完整产品的演化潮流永远从左向右流动，导致完整产品会漂向它们，穿过它们，最终越过它们；说它们是永久的，是因为任何特定类型的鱼都应该尽量靠近它的甜蜜点。

　　因此，为了生存和壮大，服务提供商必须迎着完整产品的演化逆流而上，保持其相对于生命周期的固定位置，而不是专注于任何特定的完整产品机会。专注于任何一种特定的完整产品都将是灾难性的，因为随着产品一年年向右方进一步发展，它所能支撑的服务利润率会不断下降，直到最终鱼儿搁浅。

总之，服务提供商与任何特定的完整产品的关系总是短暂易逝的。但遗憾的是，我们人类不喜欢短暂易逝，特别是我们自己的短暂易逝，所以我们总是倾向于否认它，而宁愿专注于某件事物，就好像它是永恒的。这就使服务提供商犯下一个致命的错误，即参照某种特定的完整产品，如桌面排版、局域网、计算机辅助设计、物料需求计划等，来定义自己，目的是永远留在那个市场中。鉴于我们一直在检视的所有原因，这一战略根本行不通。相反，服务提供商首先要做的事情就是参照自己与技术采用生命周期的关系来定义自己。

具体来说，比起任何其他东西来，服务业的长期稳定都更取决于一个单一的成功因素，即能够年复一年地获得相同的毛利率。这些毛利率对应于生命周期模型中的一个位置，一个甜蜜点，一个整合服务的水平，后者在市场价值上需对应于服务提供商需要获取的任何利润率。系统集成商非常了解这一点，因此会将它们的业务保持在周期的前端，以获取非常高的利润率。零售超市也非常了解这一点，因此尽可能地把它们的承诺往后推，以使其成本低到足以在非常低的利润率下赚钱。另外，增值中间商和其他任何"位于中间地带"的服务提供商则很少能掌握这一原则，结果就是它们通常在大约 4～7 年的周期内进入和退出市场。

但是，如果增值中间商认识到每年都必须更新其附加价值，那么它们就可以稳定自己的业务。也就是说，每一年，它们在上一年提供的服务中都会有一部分不再具有它们需要赚取的高利润率，它们必须放弃这些老业务。与此同时，每一年也都会有一些先前超出它们专业知识水平的服务产品流入它们的领域，它们必须去捕获这些新业务。如果服务提供商掌握了这一更新原则，它们实际上可以拥有比产品供应商**更加**稳定的业务，因为它们永远不需要把自己的未来押在生产出一件成功的产品上。相反，它们可以不付出任何代价，让市场替它们识别出赢家，然后集中精力完成它们的完整产品集成工作。

关于如何实施这一战略，约翰·艾迪森（John Addison）为我们提供了一个很好的先例，他在 20 世纪 80 年代后期负责管理太阳公司的一部分增值中间商业务。1987 年，如果太阳公司的一位增值中间商能够提供 AutoCad 软件，那就足以让它赚取所需的利润。原因是 AutoCad 是一个 DOS 程序，虽然它已经被移植到太阳公司的工作站上，但如果不进行特殊的调整，就仍不能很好地运行。与此同时，AutoCad 完全面向个人电脑，与 Unix 系统不兼容。因此，增值中间商有很多途径可以赚钱。

然而，到了 1988 年，增值中间商已经有望向 AutoCad 提供第三方延展服务。到了 1989 年，它们还可以支持一个连接到 Frame 或 Interleaf 软件的桌面排版接口。到这个时候为止，终端用户已对这项技术有足够的信心，希望能够向客户展示那些装饰得更有吸引力的图纸。到了 1990 年，期望值进一步提高，终端用户希望能提供一个用于版本控制的图纸数据库，以跟踪工程变更；到了 1991 年，期望值再一次提高，终端用户希望在系统中纳入一个用于将材料数据清单从图纸传递到 MRP 系统的关系数据库。所以，每一年，增值中间商都要准备好面临新的挑战，以便继续证明其所需的利润的正当性。到了 1991 年，纯粹转售太阳系统上的 AutoCad 软件已经是那些低接触、高销量转售商的工作，如果增值中间商只能提供这种服务的话，那么它们的利润率会远远低于过去的水平。上述"鱼模型"是一个重要工具，产品供应商可以在与服务合作伙伴进行沟通时使用它，特别是在跟间接分销渠道沟通时。与其争论利润率为什么越来越不利于经销商，不如让对话基于以下两个关键点。

（1）服务合作伙伴需要获得多少毛利率才能让企业保持健康状态？

（2）让我们只在能赚取那么高利润率的业务上合作。

上述两个原则的影响是，它将产品供应商和服务提供商放在同一条战线上，有助于避免前者挤压、后者抱怨的倾向。现在两者必须共同关注一个现实，即完整产品的演化正在改变它们目前的关系。最具建设性的前进道路是遵循以下路线。

- 如果将服务提供商的利润率要求视为一个区间，那么现在有哪些完整产品正在偏离其范围？
- 在短期内，服务提供商如何才能通过把其经验"产品化"为一种成本较低的交付形式，从而再从这项业务中挤出最后一两年的好收成？
- 展望未来，哪种机会正在从上游漂下来，可以取代这些损失的收入来源？
- 产品供应商如何在短期内加快这些机会的市场开发，以增加服务提供商的交易流？

总的来说，关键在于，产品供应商和服务提供商就像兄弟姐妹一样，有着深厚的长期相互依赖关系，但在短期内却似乎永远处于冲突之中。这些短期的争执源于这样一个事实，即完整产品必须沿着生命周期流动，而服务提供商则必须待在一个与之相对应的位置上。在这种动态机制获得相互认可之前，双方的关系总是充满怨恨和猜疑。另外，一旦开诚布公之后，公司就可以开始在完整产品的所有机会上展开合作，每当有旧的机会流出时，大家就寻求将新的机会纳入业务范围。

简要回顾

开放系统的商业战略十分重视合作伙伴关系，以确保新技术市场的快速发展。然而，与此同时，完整产品的演化使所有这些关系注定都是短暂多变的。学会如何在这样的环境中建立合作伙伴关系，做出并履行承诺，可能是当前高科技公司的执行官群体所面临的第二大挑战。

此外，学会如何在这样的环境中竞争可能是唯一最大的挑战。因此，我们接下来要进入的一章的重要性不言而喻。

第八章　竞争优势

由于所有的高科技财富都源自龙卷风，而且由于龙卷风将竞争强度推高到最白热化的程度，因此，在硅谷中，获得竞争优势是讨论频率最高的一个主题。这些讨论的核心是以下三个关键变量，CSC Index 公司咨询师迈克尔·特里西（Michael Treacy）和弗雷德·维尔斯马（Fred Wiersema）在 1995 年的畅销书《市场领导者准则》（*The Discipline of Market Leaders*）中称之为"价值准则"。

（1）产品领导力。

（2）运营卓越性。

（3）客户亲密度。

要在其中任何一个领域取得优势，通常都需要在另外两个领域进行妥协。因此，特里西和维尔斯马认为，没有任何一家公司能期望在所有这三个领域都表现优异，而竞争战略主要就是确定公司的核心竞争力位于这三个领域中的哪一个，并制定一个战略，专注于在最能发挥公司优势的单一维度上取得优异成绩。

作为一名专注态度的信奉者，我认为这是一种很棒的思路，但是在高科技领域的市场营销中，快速成熟的生命周期的动态机制会迫使你采取一种更为复杂的方法，如图 8-1 所示。

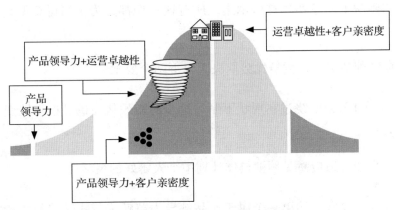

图 8-1 价值准则与生命周期

图 8-1 所表明的观点是，生命周期本身决定了在任何给定点上哪些变量是至关重要的，你只需专注这些变量，就可以赢得你所面临的竞争，并获得进入下一阶段的权利。因此，让我们回顾一下生命周期，看看它在该语境中的情况。首先，从早期市场开始。在早期市场，唯一的重要变量是**产品领导力**。

在生命周期的这一节点上，竞争并不是在替代产品之间进行的——

非连续性创新产品是没有替代产品的，而是在**替代性突破的可能性**之间进行的。也就是说，意见领袖正试图通过做某件不循常规的事情来获得巨大的竞争优势。这场角逐是与其他不循常规的替代性产品展开的，目的是吸引意见领袖的注意力和金钱。

这就导致了一场销售竞争。具有人格魅力的推销人员竞相以出格的承诺赢得意见领袖的注意，英勇无畏的销售支持专家试图对在匆忙中制作的演示材料加以说明，而研发团队则在具有感染力的热情和太多咖啡因的刺激下同意实现这些承诺。所有这一切都是为了赢得意见领袖的支持。

在这种情况下，竞争优势取决于以下两个要素。

（1）完全绕过在现状下制约进步的瓶颈从而诱导根本性变革的能力。

（2）适应意见领袖具体计划中个人癖好的灵活性。

这两个要素中的第一个属于产品领导力范畴。范式转移的力量在于能够突破阻碍了之前所有尝试的戈尔迪乌姆之结⊖。其解决方案总是新技术的一项让人们能够以全新方式解决问题的功能，而这正是能吸引意见领袖注意的地方。

另一个关键要素——灵活性，取决于产品的新颖性，新颖到尚未受到其他承诺的影响。它提供了一块白板，让意见领袖在上面发挥想象。由于目前还不存在其他的完整产品，所以早期市场的客户可以自由创造

⊖ 西方传说中著名的难解之结，后被亚历山大大帝用剑劈开。——译者注

自己的产品。

所以，归根结底，每一笔完成的销售业务最后都要实现一个承诺，即完成针对某个单一客户需求的完整产品，这里涉及的工作范畴更像定制服务项目而不是产品采购订单。这反过来又启动了以下最终必将终结早期市场的力量。

（1）你的产品越来越被承诺所拖累，这降低了它的灵活性。

（2）你的可分配给特殊项目的服务资源已经耗尽。

到那个时候，不管你喜不喜欢，你都必须跨越鸿沟。

跨越鸿沟，在保龄球道里角逐

当你跨越鸿沟时，用来在竞争中胜出的方法与在保龄球道中使用的是一样的，因此我们会将两者放在一起研究。在这两种情况下，我们的目标都是在一个明确的利基市场中建立市场领导地位，从而获得对市场领导者的经济回报，同时也建立公司作为市场长期参与者的信誉。参与所有保龄球道竞争的关键是第一个推出**差异化**完整产品。一旦该完整产品投入使用，利基市场客户群就会聚集在它的周围，没有任何其他解决方案范式能获准参与竞争。

所以，关键性成功因素有以下两个。

221

（1）要提供**完整**产品，因为在你做到这一点之前，客户群不会聚集在你的周围，竞争仍然没有结束。

（2）要当第一名，因为第二名没有奖励。

保龄球道的完整产品的成功取决于两个竞争因素：**产品领导力**和**客户亲密度**。前者使新的完整产品解决方案能够区别于客户问题的当前解决方案。后者使其能够区别于其他类似的高科技产品，这些产品没有专注于该特定利基市场的需求。

以硅图公司的工作站在娱乐和多媒体动画领域的支配地位为例。硅图公司的创新产品是图形处理软件以及使其能够实时旋转并移动三维图像的硅片。然而，这些算法并不是硅图公司独有的。例如，它们也被Cray公司运用于飞行模拟器。硅图公司在降低成本方面独树一帜，因为它的愿景是创造一种被称为**可视化**的能提高工作效率的产品类别。遗憾的是，当时还没有（目前也没有）任何可视化市场，所以，为了跨越鸿沟，硅图公司必须瞄准一个细分市场。这样就出现了许多机会——工业设计、通过分子建模进行的药品设计、动画制作等，硅图公司将产品销售到了所有这些市场中。

但是，直到它与娱乐市场建立了亲密的客户关系，让后者理解了它的数字与模拟技术的独特融合，它才得以创造出一个完整产品来真正结束竞争。在这里，令人信服的购买理由是创造和编辑制片级质量的图像序列，它们要么无法拍摄，要么不能在影片中展示实际拍摄效果。许多工作站或许已经提供了必要的计算能力，但只有硅图公司坚持与客户细分市场一起克服了无数障碍，直至最终制片完成。当然，在克服最后一道障碍之前，价值链的尽头是没有金钱涌出的，一切都必须被视为试点工作。相反，一旦最后一道障碍被克服，资金就大量涌入价值链，《终结者2》和《侏罗纪公园》的回报就是见证，而硅图公司也因此一炮而红。

那么硅图公司是在和谁竞争呢？在客户亲密度的轴心上，它的竞争对手是安培公司（Ampex）和潘纳维申公司（Panavision），这些是模拟技术供应商，生产可以录制电影和磁带的机器。这些公司通过长期与客户保持亲密关系来控制现状，而硅图公司的差异化特征是基于图像数字化的产品领导地位。另外，在产品领导力的轴心上，它的竞争对手是太阳公司、惠普公司和IBM公司，这些公司都有工作站，也可以处理数字化图像。在这里，硅图公司的差异化特征是它密切参与解决娱乐业的编辑和制作问题。

当在保龄球道时，出于定位的目的，你一定要从这两类竞争对手中选择一个客户亲密型而不是产品领导力型竞争对手作为你的参照竞争对手。首先，你应该吸引那些从未听说过你但对旧范式进行着长期投资的目标客户的注意。通过参照旧范式，你可以让这些人立即理解你的产品。其次，在这个框架内，你可以参照那个相对较老、效率较低的方法为自己的解决方案设定价值，从而避免与和你拥有相同技术优势和类似产品的公司进行价格竞争。因此，举例来说，当苹果公司进入桌面排版市场时，它并没有将IBM电脑作为竞争对手，而是将价格比个人电脑系统高出一个数量级的Linotype打印系统作为竞争对手。这不仅让IBM无法近身，同时也使苹果公司的产品价格保持在高位。

　　事实上，在保龄球道里进行角逐的关键之一就是你可以并且应该选择你要参与的竞争。如果做不到这一点，就会产生与我们刚刚宣称的好处相反的效果。因此，如果一家公司认为自己的竞争必定来自类似产品，它实际上就会疏远自己的目标客户，而根据定义，所谓目标客户就是目前没有在使用高科技解决方案，因而无法轻松理解高科技问题和关注点的那些人。如果他们是通过昂贵的市场教育宣传来克服这种疏离感并实现对产品类别的意识和接受的，那么他们就会基于电视宣传而不是解决方案来制定参考价格——该价格将远远低于交付给客户的实际价值。这反过来会降低利润率，而高利润率本应是为了完成一个针对利基市场的完整产品。没有这种利润率，供应商就无力承担推出完整产品的任务，在销售中也没有足够的资金来吸引合适的合作伙伴，所以，完整产品事实上永远也不会实现，其市场也永远不会出现。但这都是供应商自己的错。

　　总之，在保龄球道里，胜负完全由供应商控制。通过关注产品领导力和客户亲密度的交叉点，并通过成功地部署能满足目标客户的完整产品，供应商可以创造出无与伦比的竞争优势，在新范式运作期间一直持续下去。由于没有市场会急于改变范式，所以这种范式可能持续长达十年或更久（参见苹果公司在桌面排版领域取得的成功和欧特克（Autodesk）公司凭借 AutoCad 软件所取得的成功）。在这个产品生命周期不断缩短的世界里，在保龄球道细分市场中赢得市场领导地位是一个影响深刻的金融事件，任何一家成功进行了产品创新的公司都可以实现它。此外，一旦一家公司赢得了最初的滩头细分市场，它就获得了一种特权，可以通过将这些相同的原则应用到保龄球道战略中，从其他的细分市场中获得同一类回报。

考虑到所有这些因素，拒绝专心投入利基市场的咨询客户数量还是很多，这对咨询师造成的困扰怎么形容都不为过。几乎在所有情况下，因为客户的眼睛只盯着龙卷风，所以我们最好也把目光转向那个方向。

在龙卷风中竞争

龙卷风的自然湍流已经使制定竞争策略变得够困难了，因为在任何给定的时刻，都很难判断市场反应是由你的行为导致的还是仅仅因为达到了一定的温度。然而，更为复杂的是，正确战略的原则取决于市场是否给予了你大猩猩、猴子或黑猩猩的地位。我们将依次研究这些地位的竞争策略。

大猩猩的竞争策略

在龙卷风期间，大猩猩的目标是最大限度地扩大市场份额，同时保持特享价格点。作为市场领导者，它不需要付出很大努力来证明购买自己的产品是合理的，而且它需要利用这一优势去战胜其他竞争对手。换句话说，它只需走出去尽快赢得销售业务。

因此，竞争的焦点是分销渠道。在高端市场，这是一场争夺称职销售代表的竞争——为的是立足于街头。赢家是能够在招聘、激励和薪酬上胜过其他公司的公司。龙卷风的力量能够自给自足。一旦公司开始获得大猩猩的声誉，它就会发现更容易招募到高质量的客户经理，而这些客户经理反过来又使公司更容易获得日益增长、高到与公司规模不成比例的销售份额，从而强化了大猩猩的地位。

在低端市场，没有销售代表，只有货架。这里的竞争策略是要尽量占领更多的货架，从而将更多的产品放在潜在客户面前，并且给竞争对手的产品留下更少的货架。20 世纪 80 年代，个人电脑行业仓促地创建了分销机制，而那时的大猩猩都是那些了解间接销售渠道并且能够操纵这些渠道为自己所用的公司。相比之下，像 IBM 和 DEC 这种以直销力量为基础并以大猩猩的身份进入市场的公司，由于没有能力以及不愿意使用分销这一媒介，所以受到了严重的影响。而在 20 世纪 90 年代，新的分销模式使戴尔、捷威以及佰德等公司得以竞争大猩猩地位。

在争夺分销渠道主导权的过程中，关键性成功因素是**产品领导力**和**运营卓越性**。在与猴子竞争时，产品领导力的作用是重新设定标准，暂时让猴子们的产品过时。这是英特尔公司保持对微处理器行业控制权的基本策略，它使 AMD、Cyrix 和 Nexgen 等公司无法近身。通过这么做，大猩猩可以凭借新产品重新获得暂时的垄断地位，同时还能释放旧库存，用于与猴子的现有产品进行直接价格竞争。在个人电脑产品领域，这种竞争大多发生在产品目录、价格俱乐部以及其他低成本渠道中——这些都是龙卷风中的战略地盘，因为它们能拓展接触客户的途径，在这些领域，你可以看到大猩猩品牌挂出惊人的低价，但这通常只会发生在它们的产品生命周期快要结束时。

在与黑猩猩竞争时，产品领导力往往是大猩猩的一种追赶手段，尤其是在龙卷风晚期。这时候，大猩猩在安装基数的动力机制下已经减缓了创新速度，这里既有它需要支持的庞大客户数量，也有抗拒动荡的越来越强大的保守主义。而黑猩猩的安装基数较小，风险损失较小，所以继承了创新的衣钵。例如，IBM、苹果和摩托罗拉公司目前正在用它们的 Power PC RISC 芯片挑战英特尔。每当遇到这样的挑战，市场就会齐声询问大猩猩：你什么时候会推出这些功能？只要答案是"在下一个版本中"，大猩猩的霸权就是有保障的。然而，这种追赶需求在大猩猩的产品总发布内容中所占的比例越来越大，导致未来的创新活动进一步减少。这样一来，随着时间的推移，大猩猩产品逐渐失去了技术优势，会同时收获技术爱好者的蔑视、大多数务实主义者的忠诚以及股东的挚爱。

随着产品领导力的车轮慢慢地停下来，大猩猩发现越来越有必要专注于提高**运营卓越性**。从一开始，运营效率就是赢得大猩猩大战的关键。在龙卷风中，需求旺盛，成功的关键在于保证供应。运营卓越性方面出现故障可能是灾难性的，尤其是在龙卷风的速度和销量下，前文中列举的英特尔、财捷和惠普诸公司所遇到的质量问题就能证明这一点。

大猩猩要想保持对龙卷风高体量商品市场的控制权，从而保持其规模经济，运营卓越性至关重要。反过来，这种规模经济也给了它对付猴子的主要武器，即咄咄逼人的定价方式，从而让猴子们别无选择，只能继续降低价格，这样一来，猴子们的利润率可能会出现负数。与此同时，效率准则使大猩猩在利润率方面比黑猩猩更具优势，从而能够在研发方面超越黑猩猩（目前英特尔与其最近的竞争对手超威半导体公司（Advanced Micro Devices）的研发投入比是惊人的 4 比 1）。相比之下，那些蔑视低端市场竞争、宁愿在高利润率的浴池中享受高价格遮阳伞的奢侈大猩猩们，迟早会发现自己受到黑猩猩和猴子联盟的攻击，那些黑猩猩和猴子已经夺取了运营卓越性领域的领导权，使得大猩猩没有可行的应对措施，只能慢慢地，同时又别无选择地退守到仅限高端产品领导力的战略中。

有人可能会问，在所有这些竞争中，谁才是大猩猩的主要竞争对手？答案是：所有人。当格罗夫说**"只有草木皆兵的偏执狂才能生存下去"**时，他其实是在说大猩猩们要想保住自己的地位需要怎么做。所有人都联合起来反对它们。如此一来就出现一个问题：出于定位的目的，谁应该成为大猩猩的参照竞争对手？这是一个有趣的问题，因为把任何一家公司提升到参照竞争对手的地位都会让它显得比实际上更重要。但如果没有一个参照竞争对手的话，市场几乎不可能正确定位任何产品，哪怕是大猩猩的产品。

事实证明，大猩猩的获胜策略就是在龙卷风的不同节点参考三种不同类型的竞争，具体如下。

（1）在一开始，刚刚从保龄球道出来时，大猩猩应该参照正在被自己取代的旧技术。在这一阶段，它们还不需要追杀竞争对手，而是应该与竞争对手齐心协力，给旧的范式最后一击。

（2）一旦旧范式完全退出，大猩猩们就应该以"群"为参照，而不必挑出其中任何一家公司，这个群囊括了其产品类别中的所有其他公司。如果有一只特定的黑猩猩威胁到它们，它们就应该明确叫出这只黑猩猩的名字，并且集中所有力量打败它。

（3）最后，一旦它们的主导地位得到保证，大猩猩们就应该绝口不提其他公司，将自己的产品作为竞争参照。因此，英特尔公司用自己的 486 微处理器而非 Power PC 产品来定位它的奔腾微处理器，惠普公司则用自己的高端彩色喷墨打印机而非佳能产品来定位它的彩色激光打印机。

猴子的竞争策略

在啄食顺序的另一端与大猩猩遥遥相对处，猴子在玩一种更加机会主义的游戏。由于缺乏资金、研发、营销预算、影响力以及任何其他的大猩猩优势，猴子在龙卷风中完全无法获得市场份额。而且，即使它们能够得到市场份额，它们也没有资源来保住它，所以市场份额对它们而言毫无用处。相反，它们的目标应该是拿到钱就跑路。也就是说，猴子每天都应该将生意变现，它们永远都不应该坚守阵地，原因如下。

龙卷风带来了支出狂潮，即使是最贪婪的大猩猩也无法满足市场需求。无论是在创新方面还是在价格方面，分销渠道都需要有竞争力的替代品。通常，黑猩猩的角色是提供创新方面的替代品，猴子的角色是提供价格方面的替代品。所有分销渠道都需要有一个低成本切入点，它们需要猴子来提供这种产品。因此，在任何一个大众市场中，对猴子的参与总是存在着一种结构性需求。这里没有任何品牌忠诚度或客户锁定。猴子只能赢得销售业务，永远也不能赢得市场。也就是说，由于它们是大猩猩的一个透明克隆体，所以当它们赢得一笔交易时，它们**不会**赢得一位终身客户。它们的销售不会产生累积影响，不会出现转换成本来帮助它们保住客户，因此也不会带来市场份额的好处。猴子除了销售业务本身之外什么也得不到。

那么猴子该如何保持自己的业务呢？猴子竞争靠的是基于经济而非规模经济的**运营卓越性**——仅仅是经济。想一想猴子的优势。猴子不需要研发预算，它们的所有工程设计都是逆向工程设计，由低成本、高学历的人员离岸进行。猴子不需要市场开发预算，它们的所有市场营销都是借着大猩猩市场开发工作的东风滑翔，而且要传达的信息总是一样的：我们只需花费极少的成本就可以和领先品牌一样出色。猴子不需要花钱在新产品发布前建立库存，因为它们没有产品发布会，它们只需要有进入游戏的资本和能够覆盖它们成长所需的现金流。

在这个框架中，猴子的参照竞争对手总是大猩猩产品。它们就是这样借市场领导者的营销努力的东风滑翔的。但它们真正的竞争来自其他猴子。假设竞争成本相当，则进一步的竞争优势主要取决于能否获得分销渠道。在多家公司可以获得分销渠道的情况下，提供信誉的能力就成为一个关键性区别。遗憾的是，提供信誉与猴子的经济性策略背道而驰，所以这时候聪明的猴子就会意识到该领域正变得过于拥挤，于是便转移阵地。

如果猴子以正确的方式玩这个游戏，即不做任何投资，不进行任何防守，那么它们就可以立于不败之地。如果在取得一系列成功之后，它们决定让自己长大，长成大猩猩，并且扬名立万，那么这时候它们就会陷入麻烦。通常，这么做需要采取高昂得多的成本结构，但不会获得相应的竞争优势。问题就在于猴子们试图打破进化规律。通过保龄球道战略进入一些利基市场，你就可以从一只猴子进化成一只黑猩猩，而黑猩猩也可以成为大猩猩，只要它的某个利基市场能成长为下一代龙卷风市场，但猴子不可能直接变成大猩猩。然而，由于猴子只关注大猩猩，所以它们甚至从来没有看到过黑猩猩是如何做自己的工作的，更不用说学会模仿黑猩猩了。所以，下一节或许会对它们特别有帮助。

黑猩猩的竞争策略

在龙卷风中，最微妙的策略挑战莫过于正确地扮演黑猩猩的角色。这正是 Informix 和赛贝斯公司在关系数据库领域相对于甲骨文公司扮演的角色，是 Wellfleet 公司（现在的海湾网络公司）在路由器领域相对于思科公司扮演的角色，是佳能、爱普生和利盟（Lexmark）公司在个人电脑打印机领域相对于惠普公司扮演的角色，是 Macintosh、Unixware 和 OS/2 在个人电脑操作系统领域相对于 Windows 扮演的角色，是莲花和诺威尔公司在办公自动化套件领域相对于微软公司扮演的角色，是罗盛（Lawson）、仁科和甲骨文公司在客户机 / 服务器财务市场上相对于思爱普公司扮演的角色。所有这些公司都对自家技术进行了重大投资，所以都玩不起那种打了就跑的猴子游击战。但同样现实的是，它们中没有任何一个能和自己领域里的大猩猩正面交锋并指望获胜。那它们现在该怎么办？

要成为一只成功的黑猩猩，第一步是要非常清楚自己在竞争什么。在所有的龙卷风市场中，你的首要竞争任务都是争取分销渠道，这单纯是为了接触到被压抑的客户需求。真正的问题在于，**市场份额**对你而言有什么价值？

首先，市场份额是销售量的反映，所以，从你的角度来看，它显然越大越好，从你的伙伴和盟友的角度来看，也是越大越好，因为这为它们创造了更多可以为之服务的市场。然而，从市场的角度来看，它会希望你只增长到**目前规模，切勿冒进**。也就是说，主导主流市场采购决策的务实主义群体除了希望有一个明确的市场领导者之外，还希望有其他几家公司拥有足够的市场份额，能够在必要的时候成为牢靠的且安全的大猩猩替代者——但这种份额不能大到足以扰乱啄食顺序，尤其不能大到足以干扰大猩猩设定事实标准的权威。因为有太多东西是基于事实上的共识——包括太多的采购决定、太多的财富、太多的计划和架构，以至于从整个市场的角度来看，转换成本之高根本让人无法承受。因此，除非大猩猩反复表现出自杀倾向或是有某种绝症，否则市场绝不会放弃它，去选出新的领导者。

因此，是市场，而不是大猩猩本身，在阻止你超越大猩猩，成为老大——**而你是无法与市场竞争的！**也就是说，苹果的 Macintosh 或 IBM 的 OS/2 可以将其在操作系统市场的份额从 10% 提高到 12% 或 15%，但**无论如何**，它们都不会被获准提高到 50%。因此，IBM 公司试图将 OS/2 定位为"Windows 95 杀手"的反复努力，从本质上说是徒劳的。这根本不可能发生。这与两种产品各自的品质无关，而是与之前存在的大量财富的联盟有关，与企业 IT 部门、独立软件供应商公司、硬件供应商及分销渠道中的强大利益集团的预先承诺有关。改变这种权力平衡对很多的群体而言是灾难性的，市场根本就不会允许它发生。

因此，黑猩猩在市场份额竞争中要遵守的第一条规则是：**要强势，但只能走这么远**。此外还有一个因素会限制黑猩猩在龙卷风中的领土扩张政策。日后，当龙卷风结束了，这块领地将越来越难以守住。也就是说，要想保持未来的市场份额，黑猩猩们必须让自家产品与市场不断演化的事实标准同步。然而，这些标准都在大猩猩的控制之下，而大猩猩不需要他人多加指点就能想出各种办法让黑猩猩继续跟在自己屁股后面跑。最近针对微软的反垄断行动，包括五家匿名软件公司提交的一份简报，以及目前已经失效的收购财捷集团的提议，详细说明了微软是如何利用其优势地位为公平竞争制造障碍的。

在我看来，我们可以抗议这种行为，但实际上是无法阻止它的。一方面，我们无法确定大猩猩以自认为最好的方式使用这一架构的权利与侵犯这一权利之间的界线，后者指单纯为扰乱竞争对手的工作而引入各种元素。然而，更重要的是，在整个场景的背后，力量甚至比大猩猩还要大的，是市场本身的串通行为。不管公平与否，市场都致力于将连贯的权力结构制度化。这种行为并不是集中在任何一个实体中的，而是普遍存在的，因此也不清楚该如何针对它来实施补救措施。

那么黑猩猩该怎么做呢？我们以 OS/2 为例来介绍。正如无数顾问所建议的那样，IBM 这个时候应该放弃其成为大猩猩的野心，专注于赢得某个定义明确的次级细分市场的主导份额——市场领先的解决方案目前充其量只能为该次级细分市场提供少量服务。我们应该指出，没有谁比前任大猩猩更气愤被称为黑猩猩。黑猩猩绝不能在大猩猩的地盘上与之战斗，因为系统已经被操纵，裁判已经被贿赂。相反，它们必须寻找一个更中立的场所，在那里，通过利用黑猩猩的自由，也就是在局部细分市场中专注和创新的能力，它们可以划出自己的领地，表明这里尚未向大猩猩投诚。

这实质上相当于在龙卷风期间采取保龄球道策略，而且，我们至少可以说，这有点儿违反直觉。如果销售业务充足，市场增长速度超过任何公司的供应速度，那么供应商应该自愿减少其单位产品的总体销售量，为什么呢？因为这是专注于某个细分市场将导致的结果，至少在短期内是这样。在任何一个给定的季度，机会主义销售策略总是能比专注策略卖出更多的东西，所以在提倡专注策略时，我们不能指望在销售队伍中找到任何盟友。确实，为什么会有人支持这种策略呢？

原因就在于，龙卷风过后依然要生存。如果在龙卷风期间，你作为一只黑猩猩以100%的机会主义为基础追求销售额，而不利用这段时间为自己确立一个差异化位置，那么在龙卷风结束后，随着市场固化，你就没有退路了，也没有用来进行未来市场开发的大本营。这就是Ingres公司所遭遇的命运。在龙卷风期间，它痴迷于与甲骨文公司抗争，一个季度又一个季度，它的增长数字都落后于甲骨文公司。尽管有多家咨询公司提出建议，但它无法想象自己能够专注处理任何市场焦点，因为这至少在短期内会限制其销售额，从而使它进一步落后于甲骨文公司。于是，Ingres继续努力颠覆甲骨文公司的权威地位，尽管所有人都知道这一战略不可能获得成功。

接着，龙卷风平息了。在这种时候，市场会围绕着更少的供应商进行整合，主角当然是大猩猩，也包括一些猴子，尽管数量远远少于平安幸福的龙卷风时代，还有一些黑猩猩，如果它们可以提供差异化价值主张的话。因此，赛贝斯公司因其在分布式计算方面的技术领先地位而受到欢迎，Informix 公司仍然依靠服务于 Unix 服务器低端市场的增值中间商占据着第一的宝座。但在 Ingres 这里，市场无法找到具有可比性的价值主张。该公司存在的理由遭到了质疑，既没有自己的细分市场可供退守，也没有未来的霸权可供依托，于是公司陷入了困境，现在已经不复存在了。

综上所述，鉴于我们一直在追踪探讨的市场动力机制，对于黑猩猩来说，与大猩猩作战不仅必输无疑，而且更是一场错误的战斗。正确的做法是占领大猩猩领地边缘的闲置区域，构筑稳固的运营基地，并为下一次龙卷风做好筹划。大猩猩会树敌无数，所以下一次有机会报仇时，你肯定可以找到盟友，但你不能在当前的龙卷风中这么做，因为这时候如果支持反击大猩猩的战斗，会有太多的人失去太多的东西。

所以，在龙卷风中，黑猩猩应该回归保龄球道原则，寻求将**产品领导力**和**客户亲密度**结合起来的方法。在竞争获得大猩猩的溢出业务时，产品领导力能成功地将黑猩猩与猴子区分开来，这通常会带来巨大的收入来源。与此同时，在专注于某个细分市场时，客户亲密度可被用于在该限定区域内开拓市场领导地位。不过，在这里一定要小心。**目的不明确**的客户亲密度虽然会产生很多正面反馈，却是对战略资源的极大浪费。也就是说，泛泛的"良好客户服务"总是会赢得客户的赞誉，但说到底并不能获得更高的利润率，也无法占领任何持久的领地。相反，黑猩猩必须凭借针对细分市场的完整产品将客户亲密度制度化，这些完整产品能够创造防御性壁垒，在未来可以抵御后龙卷风时期渴求市场的前任大猩猩的入侵。

在结束这场关于龙卷风中竞争策略的讨论时，要指出的关键教训是，市场力量所发挥的作用远远大于任何一名供应商，甚至大过了大猩猩的明确行动。我们首先需要关注的是这些力量本身，而不是玩家。道理很简单，你无法抗击龙卷风。

在主街上竞争

当我们从龙卷风期转移到主街期时，超高速增长的销售额会逐渐减少，竞争对手们必须重新调整方向，从主要专注于捕获新客户，转向利用现有的安装用户来延展和深化它们的业务。并不是说没有新客户可以争取，新客户的确存在，而且争取新客户非常重要，只是现在有更多的钱要靠向当前安装用户出售延展业务赚取。如果不重新组织运营方式，以收割这份效益，我们就会白白损失一大笔钱，无法获取进入下一场龙卷风所需的资金。

问题是我们如何才能以最佳方式重新集中精力，以获得竞争优势。让我们回顾一下第五章中列举的教训。客户在主街上花钱主要是为了扩充和增强龙卷风期间部署的基础设施，包括添加兼容系统和升级旧系统。在这两种情况下都不存在重大技术风险。因此，IT界的技术型买家对主街购买决策并不特别感兴趣，也不特别关心，只要这些决策遵循公司的指导方针即可。同样地，只要本年度的采购不超出预算范围，终端用户群体中的财务型买家也不会认为主街上有什么东西需要他们进行关注。

基础设施就是基础设施，这里不存在需要他们关注的战略问题。

这就将有兴趣的支持群体减少至两个：终端用户和首席财务官。后者会检视采购部门的工作手段，希望用低价大众商品代替高价品牌货，以降低支出。终端用户则希望获得能给他们带来附加价值的产品，无论这种价值是体现在更高的效用上还是体现在个人满意度上。就像圣诞节期间的孩子们一样，他们会反抗那些不能确保他们获得自己真正需要的东西的力量。

这种紧张关系定义了主街的营销策略。如果你是一只猴子，你的最好策略是成为采购代理寻求的低成本供应商，利用你自己特有的**运营卓越性**，其基础是以最低的管理费用交付商品化产品。如果你是一只黑猩猩，你就必须赢得终端用户的支持，为你的附加价值提供资金。这是一种**客户亲密度**策略，其基础是针对特定终端用户应用的完整产品 +1 服务。

如果你是一只大猩猩，你就可以同时在街道两边玩，用低端产品进攻廉价商品市场，用一系列 +1 利基产品进攻高端市场。与此同时，强势的大猩猩们会不断创新，足以让猴子们手忙脚乱。也就是说，通过对事实标准稍加修改，它们为客户群提供了一种易于吸收的增强功能，却会迫使克隆产品供应商进入另一轮改造工程。与此同时，当前的克隆产品已不再是完美的克隆产品，这迫使它们进一步打折，以便使其价值能够获得接受。

陷于这一过程中的黑猩猩们必须小心。它们可以通过在产品类别的持续演化中率先满足新的预测点来赢得暂时的优势。因此，佳能公司战胜惠普公司，将喷墨打印机的市场价打压到了 300 美元以下，兄弟公司

（Brother）将激光打印机的市场价压到了 400 美元以下，利盟公司则让打印机的每英寸输出量达到了 1200 点。同样，当康柏公司尚无法达到戴尔和捷威公司的竞争价格点时，后两家公司对其安装用户进行了大举入侵。然而，在所有这些案例中，尽管入侵的公司因其成就获得了大量销售业务，可一旦大猩猩赶上来了，它们就无法继续保持市场份额优势。

因此，对主街来说，总的教训只有一条，即最重要的成功因素是**运营卓越性**和**客户亲密度**，而非**产品领导力**。前者支持低成本价值主张，后者支持 +1 市场开发。相比之下，产品领导力往往只会带来暂时的市场份额增长，而且是以相当大的成本实现的，不太可能产生可持续的竞争优势。因此，这些成本不值得付出，最好将投资重点放在可以留住客户的 +1 利基市场的营销上，或是放在为下一次范式转移做准备的研发活动上。

主街市场竞争的基本动力机制是由克隆产品的提供者猴子而不是大猩猩来定义的。猴子通过设定市场上的最低价格点来制定介入规则，这成了实际上的参考价格。如果没有竞争对手做出回应，且如果终端用户不参与决策过程，那么猴子，连同首席财务官和采购代理，就将获胜。黑猩猩要想打败猴子，就必须在采购决策中添加额外的要求和规格，从而改变竞争场地。采购代理擅长忽视这些附加条件，或是坚持认为它们应该是免费的。因此，黑猩猩需要在采购过程中得到终端用户的参与和赞助。

在保龄球道期，这种赞助来自财务型买家，因为此时的购买决定具有重大经济影响，超出了 IT 问题范围。在主街期，这些问题不值得这种程度的关注，供应商也负担不起那种能抓住财务型买家兴趣的分销渠道费用。相反，它们必须越来越多地依靠低成本的间接传播手段，如广告、展销和直接邮寄等，来为自己的产品进行宣传，而这些材料应该是直接针对终端用户的。

这种通过低成本的、间接的传播渠道来实现客户亲密度的需求定义了主街市场成功所需的核心竞争力。从表面上看，这似乎是自相矛盾的——在没有直接接触的情况下公司怎么可能保持客户亲密度呢？正如艺术家们无数个世纪以来所知道的那样，又如消费类包装商品营销在整个 20 世纪所展示的那样，答案就是，通过**共同幻想**。

只要各大公司正在成功地以溢价价格销售廉价商品——软饮料、牙膏、早餐麦片、除臭剂、自来水笔、跑鞋或香烟，这种机制就很容易被看清楚。这些产品广告中的任何一个都极少关注产品的实用益处（事实上，有的产品毫无实用益处）。相反，它们用各种各样的文学效果——美丽的场景、吸引人的角色、引人入胜的小情节、令人瞩目的形象，来掩饰它们要传播的信息，以吸引认同这些表现手法的利基市场顾客。当然，当顾客购买产品时，他们会得到基础商品的益处，但同时他们也获得了对自己身份的重新确认，这是一种向自己和全世界描述自己的价值观归属及社会阶层归属的方式。

这一切早就众所周知了。问题在于，这与高科技产业有什么关系？在到达主街之前，我们能提供的答案很少，因为实在有太多实用性方面的顾虑尚无定论，如可靠性、兼容性、易用性、投资回报率等，让客户无法进行任何幻想。可一旦抵达了主街，一旦标准制定完毕，完整产品真正实现了商品化，那么机会就会再次主动降临。而这正是个人电脑行业尤其是它的软件组成部分今天所处的位置。

从现在开始，我们究竟将如何前进目前还不清楚。共同幻想已经被消费类包装商品营销所滥用，以至于顾客不再像过去那样容易让自己被它触动。老练的购买者会筛选广告，并解构它们操纵顾客的企图。另外，任何购买决策在一定程度上都是出自客户想象自己正在以有益的方式使用该产品，而我们都希望在这个过程中得到供应商的帮助。说到高科技产品，它可能非常抽象，所以这种想象往往是让终端用户找到方向的关键，正如 Macintosh 的桌面隐喻和电子邮件的收件箱隐喻所证明的那样。这些也属于共同幻想，没有它们，我们就无法推广高科技解决方案。

总之，通过间接方式传播共同幻想，借此在终端用户那里获得客户亲密度，让消费者市场营销经验与这种客户亲密度相适应，就是高科技领域市场营销创新的沃土。掌握这种适应技能的公司将在主街获得初步的也可能是可持续的竞争优势，这得益于它们卓越的营销材料。

根据高科技行业基于产品的竞争历史，我们遇到了一个有趣的问题：谁应该成为这些营销材料中提到的参照竞争对手？事实上，这些材料到底应不应该提到竞争对手？真正的竞争对手，猴子，根本不值得被指名道姓——既然猴子无法为自己扬名立万，为什么要把知名度白送给它们呢？如果你提到大猩猩或其他黑猩猩，你就是在向你的安装用户重新引见已经被你击败的竞争对手。这也是没有道理的。因此，在默认情况下，主街期最好的参照竞争对手就是你自己。在市场营销传播中，你应该参照你较旧的产品线，在竞争比较中，你既要赋予这些旧产品以尊严，同时又要展示你当前的产品是如何超越它们的。然后，如果竞争者从外部进入的话，它就必须在完全由你的历史及当前架构定义的地盘上进行竞争。

超竞争性

对这个问题的讨论将结束我们对竞争优势获取策略在技术采用生命周期中演化过程的调查。正如我们所看到的，适当的关键成功因素——或者如特里西和维尔斯马所称，价值准则，会随着我们从保龄球道进入龙卷风，然后再进入主街而发生巨大的变化。这会在市场内部和我们自己的组织内部引发沟通问题，我们将在第九章和第十章中关注这些问题。

然而，在继续下一步探讨之前，关于竞争力还有最后一个问题需要解决，那就是当竞争力出现问题时会发生什么情况。这一问题的恰当名称是**超竞争性**。

在中世纪的文学中，有大量故事讲述了骑士们为了和一位美丽的女士牵手而进行拼死决斗。这是真正的竞争。乍一看，这似乎是在用一种非同寻常的方式表达对这位女士的爱情，但你越是深入这些故事，就越能意识到骑士们对彼此的兴趣远远超过了对该女士的兴趣。故事中连篇累牍地描述他们的装备、他们的马匹、他们如何战斗，以及他们说了什么，只有在结尾处会用一两行字提到所谓"从此幸福地"与该女士生活在一起。所以这位女士只是一个借口，为的是让骑士们可以去做自己最爱做的事，即把彼此打得脑浆迸裂。

遗憾的是，我们经常在我们的营销工作中复制同样的模式。我们说我们是以客户为中心，但事实上我们是以竞争对手为中心**采取行动**。我们的广告更多的是谈论我们如何比竞争对手更好，而不是我们对客户有什么好处。我们的产品发布与其说是根据目标客户的需求定义的，不如

241

说是根据竞争对手的产品特征（或是它们宣布要具有的特征）定义的。我们试图取悦合作伙伴不是因为我们的目标客户需要它们，而是因为我们的竞争对手可能会得到它们。归根结底，我们了解竞争对手远远胜过了解客户，我们的语言和理念也反映了这一点。

我们为什么要采取这种弄巧成拙的行动方式？为什么击败竞争对手的需求完全淹没了为客户服务的目标？通常，这纯粹是出于对失败的恐惧，而且这种恐惧上升到了一种超越所有其他目标的水平。这就导致了一种超竞争性。事实上，诱导这种状态正是某种管理风格的目标，而在龙卷风期间由销售驱动的努力中，它可以取得非常成功的效果。然而，在其他地方和其他组织中，它却会使公司偏离正轨，因此应该严加防范。如何成功地做到这一点取决于需要解决问题的是公司组织的哪个部分。

超竞争性销售

在销售组织中，超竞争性包括不惜任何代价努力赢得每一笔销售业务。所有事情的优先考虑顺序都取决于当前的交易，这会导致一系列大规模的消防演习式行动和所有资源的碎片化。这不是取胜之道。相反，我们必须区分战略客户和机会主义客户，并减少旨在赢得后者的投资，这样才能增加旨在赢得前者的投资。事实上，依靠特定类别的客户，瞄准并投资获取市场份额是营销战略的全部意义所在。

然而，超竞争性销售队伍拒绝支持这种策略。他们坚持要获准去打所有的仗，然后再抱怨营销部门没有为他们提供所需的武器。但是没有任何公司能够出得起钱将销售人员武装到可以去打所有的仗。他们在竞争中损失惨重的原因在于，他们是在竞争对手的地盘上战斗，而且用的是竞争对手选择的武器。

从现在开始，前进的唯一途径是发起营销活动，在我们能够划出自己地盘的地方，抓住新的机会。一开始，这应该作为"两者兼具"而不是"非此即彼"的提议提交给超竞争性销售团队。市场营销的重点应该放在确保完整产品在目标市场内部的优势，并应该允许销售团队在愿意的时候加入。随着越来越多的销售渠道被与"我们"而非竞争对手相契合的交易充实，销售团队会很乐意将其工作转向更具战略意义的领域。但在这之前，我们必须忍受他们用愤怒的语音邮件发来的矢石。

超竞争性工程设计

在工程设计组织中，超竞争性包括试图超越竞争对手的产品成就，而不顾目标客户是否需要额外的产品功能。同样，这不是制胜策略。正确的方法是投资于客户满意度，即使这意味着要做非常枯燥乏味的工作，例如编写一套完整的驱动程序将你的互联网软件产品连接到市场上所有的传真调制解调器上，或者是做从根本上来说毫无乐趣的工作，如"修剪"现有的功能，以便降低产品的成本和复杂性。

为了避免这些繁重的工作，超竞争性工程师与超竞争性销售队伍结成联盟，后者抱怨说我们销售不景气的原因在于竞争对手的产品拥有一些我们没有的特性。这会引发又一轮的开发和产品发布。当这些产品不再能成功获得客户的认可时，就只剩下市场营销可以为此背锅了——很显然，市场营销未能以正确的方式展示这些新产品。

对此的解决办法是在市场营销过程中进行研发，根据我们在生命周期中的位置以及因此我们应该优先考虑的事项建立起跨职能共识。由于工程师们擅长系统分析，因此，如果市场机会是在一个系统环境中呈现的，正如这些模型所要达到的目标那样，那么这种跨职能的努力可能会很高效。

超竞争性市场营销

市场营销组织在对待合作伙伴和盟友、分销渠道、定价或定位方面也可能表现出超竞争性。在这里，功能失调的行为总是表现为某种形式的"以我为先"退化为"唯我独尊"。它通常出现在由于这个或那个合作伙伴完全无法接受谈判条件而经常中断的价格和利润率谈判中。人们把这称为"作风强硬"。

然而，开放系统市场会惩罚这种行为，因为当公司所需要的合作伙伴或盟友退出时，完全以自我为中心的供应商是无法简单地通过在自己公司内部进行垂直整合来取代它们的。相反，市场会坚持保留最优产品选择权，并且会取消专有替代品的资格。当然，供应商总是可以另寻合作伙伴的，如果能汲取先前的教训，那么一切错误都能被原谅。但是，如果超竞争性顽固地持续下去，市场就会有意孤立该供应商，**哪怕它是大猩猩**。

回想本书之前引用的一些例子，它们试图借助自己的某个产品操控龙卷风——索尼想借助 Betamax，IBM 想借助 MicroChannel，Adobe 想借助 Level 3 PostScript。但在每一种情况下，市场都努力孤立这些供应商，最终要么将它们驱逐出市场，要么令它们退让。这些都是代价非常大的错误，完全是超竞争性市场营销带来的恶果。

简要回顾

竞争优势问题受到了管理层的高度关注，而在超高速增长的市场背景下，这一问题非常棘手，所以值得重新审视一番。本章最重要的主题是，生命周期在不同阶段要求采用不同的价值准则，具体如下。

保龄球道期：产品领导力，客户亲密度。

龙卷风期：产品领导力，运营卓越性。

主街期：运营卓越性，客户亲密度。

- 在保龄球道期，公司通过技术杠杆（产品领导力）让自己区别于现行解决方案，通过细分市场（客户亲密度）让自己区别于类似的技术性产品。

- 在龙卷风期，竞争策略取决于你是大猩猩、猴子还是黑猩猩。

  ■ 大猩猩依靠运营卓越性来大批量出货，尽可能获得最大数量的新客户，同时降低单位产品的成本——这是它们可以获得的优势，要么是以高利润率的形式实现，要么是通过让利给客户，以市场份额增加的形式实现。它们会通过发布一系列新产品

（产品领导力）来保持客户参与度并让竞争对手猝不及防。

- 猴子靠低价参与竞争。它们的运营卓越性是基于将管理费用降到绝对最低水平。它们不追逐产品领导力，它们的核心技术能力是快速、准确的逆向工程。

- 黑猩猩运用具有自家特色的产品领导力与大猩猩竞争，但这本身不会带来可持续的竞争优势，因为市场偏向于将大猩猩的特征设定为事实标准。为了获得可持续优势，黑猩猩需要回归保龄球道战略，利用客户亲密度来创造针对细分市场的完整产品，从而开辟出利基市场，哪怕是在龙卷风中，而自己则在其中拥有市场领导地位。

- 主街为可持续竞争优势提供了两个基础，一是低成本的廉价商品供应商，二是面向利基市场的优质品牌。猴子很适合利用前者，黑猩猩很适合利用后者，而大猩猩可以且应该两者兼为。

- 超竞争性行为就跟无竞争力行为一样具有破坏性。我们的战略目标是赢得比赛，而不是击败竞争对手。只有在龙卷风中这两个目标才是一回事。

上述所有问题都是围绕着权力如何相对于竞争优势进行分配而展开的，前一章我们则是相对于合作伙伴关系对权力进行了探讨。现在我们需要看看这些权力的"位置"是如何在市场内部进行协商和沟通的，这就是**定位**的真正意义，也是我们接下来要讨论的话题。

第九章　定　位

定位是商业战略中被误解最深的因素之一，原因是多方面的，有的深刻，有的浅显。在我看来，最深刻的原因是，我们一直认为我们的定位从根本上说是**关于我们自身的陈述**。其实不是的。事实上，它从根本上说是关于**我们在两个相互关联的系统内部所处的位置**。这两个系统都早于我们存在，而且，即使没有我们，这两个系统也可以相安无事，它们是：

（1）客户可以使用的购买选择系统。

（2）公司通过相互作用创造市场的系统。

已经有很多图书讨论过如何相对于这两个系统中的第一个进行定位了，所以本书关于定位的讨论仅限于第二种情况，即如何在一个各公司通过相互作用创造市场的系统中占据一席之地。

当然，第二个系统是到达第一个系统的一种手段。也就是说，如果我们在公司合力创造市场的体系中没有一席之地，我们就无法接触到我们希望为之服务的客户。为了得到融资、打通分销渠道、获得合作伙伴和盟友的合作来生产完整产品，我们首先必须与市场制造者建立关系。那么，如何才能在这里取得成功呢？

首先，我们必须认识到，市场制造者并不是什么隐蔽的精英。它们只是那些已经在市场上取得成功的公司。这些公司目前在供应链或价值链上相互关联，将完整产品带给客户，并且正在通过这么做赚钱。因此，我们提出的任何主张都会与它们产生利害关系。我们出现在一个市场上可以加强现有链环并产生新的链环，在这两种情况下，我们都可以与其他玩家结成天然同盟。与此同时，我们也可以通过直接竞争或是用备用链环进行替换来威胁现有链环，在这两种情况下，我们都会在行动过程中树敌。

由于没有任何一家公司能够完全靠自己创造或服务一个市场，所以我们至少需要确保与一些市场制造者进行合作，这不仅是为了起步，而且是为了随着时间的推移能继续成功运作。简而言之，我们正在面对一种权力结构，而定位的首要目标就是确保在其中占有一席之地。那么，在典型的市场权力结构中，有哪些可以获得的席位？它们大体上可以按照一种任何战略规划者都应该很熟悉的网格（见图 9-1）进行布局。

这一展示新老产品和市场对峙形势的网格图通常被用于组织战略性进军和投资决策。但是影响这些决策的那些力量同样也会影响定位，因此，该图也可以被用来展示自由市场中的基本权力角色，如下文所示。

	既有产品	新产品
新市场	帝国主义者 vs. 土著	探险家 & 淘金者
既有市场	守旧派： 大猩猩 黑猩猩 猴子	野蛮人 vs. 公民

图 9-1　市场制造者眼中的市场

守旧派

在左下象限，既有市场由来自守旧派的既有产品主导。这是一个公司等级体系，是按照市场份额和上一章讨论的介入规则来确定的啄食顺序。它在龙卷风期形成，并在整个主街期主导市场。

由于该象限代表了在任何给定时刻市场中的大部分资金，所以它的权力关系极为重要，并且所有动静都处在密切关注之下。它的参与者同时也主导着市场内部的口碑传播，所以它们对彼此以及任何新加入者的评价都能产生巨大的影响力。由于它们的供应链和价值链已经稳固建立，所以新加入者会被认为是竞争对手，而不是盟友。在这种情况下，新加入者会立即被依照规模进行分类，这进而会决定它们之后的响应范围。

在该象限中，一种受欢迎的新进入者是猴子，它打算用克隆产品压低当前市场价格。低端销售渠道一直在寻求贮备价格越来越低的替代品，因为低价格能够吸引人们走进它们的商店里，而在那里人们有望被说服从同一个货架上购买价格更高的商品。大猩猩和黑猩猩没有受到威胁，因为只有固定数量的货架空间会被分配给猴子产品，而新猴子只会取代某只老猴子，这种事情无关紧要。

在这个象限中，一个远比猴子进场更令人不安的事件是，一只来自邻近市场的大猩猩闯进来了，在本地大猩猩自己的地盘上挑战它。现在每一个在守旧派体系中占据一个权力位置的人都有危险了。如果新来的大猩猩赢了，而原先的大猩猩也不肯离开，那么为了腾出空间，其他人就都必须按照啄食顺序向下移动一级。最小的黑猩猩由于无法转化成猴子，往往会被淘汰。在 ECAD 软件市场上就发生过这种事情，当时铿腾公司（Cadence）挑战明导国际公司，导致诸如 Daisy 和 Valid 这样的公司被向下推了一个台阶，最终惨遭淘汰，Valid 公司则被铿腾公司兼并了。所以，对大多数公司来说，如果新来的大猩猩赢不了，情况会更好。在这种情况下，它更可能彻底撤出，而不是甘愿充当黑猩猩。这正是康柏在个人电脑打印机市场挑战惠普失败后所做的，这让佳能、利盟和爱普生这些黑猩猩们大大松了一口气。如果康柏选择坚持到底的话，则所有这些公司的货架空间都将受到新的限制。

因此，守旧派象限中的权位之争代表着一场零和博弈。市场能够支持的位置数量是固定的，如果有一家公司进入或上升，另一家公司就必须为此付出代价。通常情况下，变化总是会带来更糟的结果，因此守旧派在本质上是一个保守群体。

探险家 & 淘金者

相比之下，右上象限是进入早期市场的人。这些人既不会威胁也不会巩固守旧派的地位。人们怀着好奇和愉悦的心情注视着他们，一方面认为他们会在鸿沟中破产，但另一方面又仍对他们抱有兴趣，因为他们中或许会有人一夜暴富。在这里，市场可以区分两类人，一类是探险家，他们的动力来自对技术的兴趣，另一类是淘金者，他们是冲着钱来的。目前，这两类人都没有任何权力，但如果某位淘金者能带着几块金子和一张通往主矿脉的地图回来，那么一切就会发生改变。

Visioneer 公司截至本书撰写之时仍然位于该象限中。该公司制造一种大小与你的香烟盒差不多、可以安放在键盘和个人电脑之间的扫描仪。任何时候，如果你想将纸质文档整合到你正在电脑上做的工作中，你只需将纸质文档放入扫描仪中，它就会以位图图像的形式出现在屏幕上。你可以在电脑上将它拖到传真图标上，把它传真给某人，或是将它放在你要发送的电子邮件中，或是将它作为附录复制到文字处理文档中，或是使用 OCR（光学字符识别）软件将它转换为可编辑文本进行修订。对于任何经常通过个人电脑进行交流的人而言，它是一座连接纸张世界和屏幕世界的很具吸引力的桥梁。

从产品形式看，Visioneer 是一款新产品，而且，由于它针对的是日常个人电脑用户，所以它正在进入一个新市场。这样一来，它目前所处的位置就像带着一些金块回到城里的淘金者。其他扫描仪供应商此时只是在观望，这是当早期市场发生什么事件时主流市场的一贯做法。它们在等待对金块的明确检测结果——那片丘陵中是否真的有金子？如果早期回报很积极，那么守旧派就会尝试进入。这时，Visioneer 将面临巨大的风险，因为与早期市场的大多数参与者不同，它几乎没有什么进入壁垒来保护自己：它使用的硬件技术无处不在，除了它自带的软件以外，它的完整产品的其余部分都是现成的。因此，它的自带软件就是通向主矿脉的地图。问题是，在看到这款软件投入使用后，竞争对手能不能且会不会加以复制并先一步抵达金矿？为了消灭这种可能性，Visioneer 必须迅速而明确地提出自己的所有权主张。

我们在这里看到的是，早期市场象限中的权力位置完全取决于能否掌控先前未知和无人认领的财富来源。这些位置将被具有市场洞察力的技术领导者夺取，但是有以下两个问题悬而未决。

（1）他们的洞见是真实的吗？

（2）如果是的话，他们能在守旧派来抢夺财富前充分利用这种洞见吗？

总的来说，新领地离守旧派的现有边界越远，新进入者就越有安全感。莲花公司的 Notes 享受了相当长的酝酿期，因为它离当时流行的任何东西都很遥远。但是，现在已经很明显，雷·奥茨的洞见是真实的，于是问题就变成了，莲花公司（现在是 IBM）能否成功抵御诺威尔和微软公司对这块地盘的入侵？很显然，莲花公司在这场游戏中必输无疑，而迄今为止，它并没有走错任何一步。在我看来，一个非常显著的问题就是 Notes 应用程序的持续复杂性。为了全面进入龙卷风并将其推向新的高度，莲花公司需要在完整产品商品化方面做更多的工作。但这一挑战很直接明了，完全是它可以掌控的，所以我认为该公司会处于一个适度稳定的权力位置。

相比之下，其余两个象限中的位置天生就不稳定，因为它们是现有权力结构边界冲突的产物——要么是既有产品在进入新市场，要么是新产品在进入既有市场。不管是哪种情况，守旧派从一开始就在直接参与。这一群体忠于自己的资本主义兼帝国主义者本性，把向新市场扩张看成天赋使命——是帝国主义者与土著之战。但是，如果有任何其他人闯入他们的空间，则都会被视为对美德本身的攻击——是野蛮人与公民之战。

帝国主义者 vs. 土著

先来看看新市场帝国主义。守旧派成员谁首先进入新市场并获得足够的市场领导力和市场渗透度以占领市场，谁就可以确立新世界的权力关系。因此，在关系数据库市场上，Informix 公司目前在中欧地区发展迅速，它利用的是在德国的优势，该优势建立在与西门子公司的长期合作关系上。另外，在日本，尽管 Informix 是一位早期领导者，但它却无法获得巨大的市场份额，现在已经被甲骨文公司取代，而甲骨文公司则是通过与日本制铁公司（Nippon Steel）的权力关系强行进入市场的。

由于守旧派公司能够在新市场强占领地，所以它们会在现有的等级体系中向上流动，取代没有新财富来源的公司。例如，在个人电脑行业，IBM、康柏和苹果公司的传统捍卫者们在 1994 年惊讶地发现，佰德公司，一个地位非常稳固的无差别克隆产品供应商，毫无疑问是一只猴子或者至多是一只初级黑猩猩，**竟然在它们的市场上排名第四！**更糟糕的是，在 1995 年上半年，它的出货量实际上已经跃居第一！简直是厚颜无耻！它是从哪里蹦出来的？事实上，当其他供应商避开像开市客

（Costco）和普尔斯马特（Price Club）这样的低价销售点时，佰德却欣然接受它们。它专注于运营卓越性，在保持良好质量的同时，实现了惊人的低价。这使它能够宣称拥有了一个"新市场"，主要由那些为家庭或小型办公室购买第一台个人电脑的晚期采用者组成。

由于在当前市场中守旧派主导着权力关系，所以在进入新市场时，它通常有自己的一套方法，但偶尔也可能遇到来自土著的灾难性抵抗。如果你想了解关于这种抵抗行为的案例研究，那么最好的体验方式就是，在英特尔公司陷入因奔腾处理器引发数学错误而导致崩溃的风波中时，去浏览一下互联网。英特尔因此而遭受的"火刑"是该公司以傲慢态度对待互联网"土著"们的直接结果。"土著"们兴高采烈地反击，把英特尔架在火上"烧烤"，以至于连顽固的格罗夫先生也不得不屈服。所有计划对互联网进行"文明改造"，将其转变成信息高速公路并修建出口匝道、大商场、拖车停车场之类设施的公司，最好都能吸取英特尔的教训，不然很可能会陷入困境。

野蛮人 vs. 公民

无论成功与否，从帝国主义者象限中滋生出来的权力关系通常会导致守旧派的现状逐渐而非突然发生转变。但在第四象限中情况却并非如此，此时新产品进入既有市场，形成野蛮人与公民的对抗。这种情形包括大型机供应商在 20 世纪 80 年代早期面临的来自小型计算机革命的攻击，办公自动化领域中的小型计算机在 20 世纪 80 年代中期面临的来自个人电脑的攻击，传统应用程序在 20 世纪 90 年代面临的来自客户机 /

服务器应用程序的攻击。在所有情形下，新产品都正好击中了一个既有市场的靶心，击溃了守旧派，使所有现存的权力关系陷入混乱。这就是下一场龙卷风的破坏力。

举个例子，想想看个人电脑攻击办公自动化领域所造成的混乱。还有人记得 Smith Corona、Olympia、雷明登（Remington）、好利获得（Olivetti）或是 IBM Selectric 这些品牌的打字机吗？它们曾是设备齐全的办公室中令人骄傲的旗舰设备，现在却只能用来填写联邦快递的标签和大部分表格。王安、Lanier、NBI 和 Four-Phase 等公司现在怎么样了？如今还存在文字处理部门吗？ IBM 的 PROFS、DEC 的 All-in-One、Prime 的 CEO 或惠普的 Desk 呢？如今的电子邮件岂不是基于个人电脑吗？此外，进入办公领域的两大主要分销渠道 NOPA（美国办公产品协会）和 NOMDA（美国办公机械经销商协会）呢？它们的所有销售代表岂不是都在欧迪办公（Office Depot）等超市面前缴械了吗？最近有人见到过 Liquid Paper 公司吗？还有复写纸、影印机、滚筒油印机，它们都怎么样了？

想想看有多少钱已经从一群供应商手中转移到另一群供应商手中，但浩劫仍未结束。如今，传真机业务（每年超过 100 亿美元）和复印机业务（每年超过 500 亿美元）正在受到围攻，美国邮政、35 毫米幻灯片演示及创建它们的图形公司、商业表单供应商也在不同程度上受到围攻。

随着每一次新的龙卷风的到来，随着价值链和供应链的重新配置和重组，大量财富转移到了新的联盟中。这些都是商业中最富戏剧性的权力变化，在这种时刻，定位是一件生死攸关的事，是致富还是阵亡就取决于它。

然而，我们不应该认为，在这些遭遇战中，守旧派永远成不了赢家。20 世纪 80 年代末，在英特尔用现在著名的 Crush 程序击败了摩托罗拉 68000 的挑战之后，它又被一群野蛮人的 RISC 微处理器包围，其中包括 MIPS 公司的 R3000、太阳公司的 SPARC、惠普公司的 PA/RISC、IBM 公司的 Power PC 以及摩托罗拉公司的 88000。尽管所有公司都进行了大规模攻击，但英特尔还是守住了自己的阵地。它是怎么做到的？只要完整产品是健康的，只要每一次新发布的产品都能缩小入侵者优势和守旧派现状之间的差距，目前的权力位置就会保持下去，守旧派会从又一年的丰厚收入中汲取养分，而进攻者则必须尽其所能靠山吃山。英特尔拥有所有的应用程序，它能够充分吸收范式转移，最终化解其威胁。

市场制造者中的定位

所以，综上所述，在一个市场结构内部，会有多个位置，其参照框架是由守旧派制定的，它们是既有市场中的既有参与者。所有位置都取决于当前财富和未来前景，以及公司是否支持或威胁到当前体制。任何新公司出现时，市场都会立即试着将其定位到这四个象限中的一个里面，然后在该象限中，将其定位到所讨论的不同角色中的一个上面。一旦这种位置确立好了，那么市场上的所有参与者就都知道该如何对待这一新的实体了，而可预测的市场关系也就可以恢复如初了。

在调查了市场结构内部可以提供的各种位置后，我们现在想重新审视一下定位的概念。首先，我们的目标是什么？其次，我们该如何引导我们的传播方式来实现它？

在市场结构中进行定位的目标是占据自己的合法位置，而非其他位置。这个位置是由我们创造或巩固价值链，或是抢占另一家公司当前位置的能力综合决定的。也就是说，市场在本质上既具有竞争性，又具有合作性，它在不断寻找机会，将当前的商业流程重新调整为更为有效的形式。同时，它也总是在寻找新的收入来源。作为一名新加入者，只要你能满足其中任何一个条件，市场就会对你感兴趣。如果你做不到，则剩下的唯一问题就是，你是否构成了威胁？如果是的话，你构成了多大威胁？

所以，你的位置是由你所影响到的资金流决定的。它是市场其他成员根据它们心目中你加入整个系统的最佳方式割让给你的一块地方。接着，它们会从你的话语中获取暗示，并通过你实际能做到的事来进行验证。怀疑主义蔚然成风，而信誉则是你最重要的资产。换言之，在这种时候，如果你无法说到做到，那你就绝不能信口开河。

将这些原则转化到实际案例中，你必须回答的第一个问题是：你最适合进入哪一个象限？也就是说，如何才能最好地理解你现在和未来的成功机会？是应该把你视为既有体制中的守旧派成员——不管是大猩猩、黑猩猩还是猴子，还是应该把你视为帝国主义者、土著、野蛮人、公民、探险家、淘金者？每个角色都意味着不同的权力关系，需要寻求不同的盟友，针对不同的竞争对手选择阵营，所以人们非常想知道你究竟是谁。如果你说你不是其中任何一个，那么你最好能展示一种强大的替代性位置，否则你就会被标注为"又一家无名公司"，人们完全可以无视你，因为你不会在这里待很久（这是一个会自我实现的预言，因为要待在这里至少需要获得某人的某种支持）。

一旦你确定了哪一种原型最符合你，你就会惊讶地发现你的交流方式在很大程度上已经为你预设好了。在这种情况下，市场关系有点像老式的夸张情节剧——"你必须付房租""我付不起房租"。所有角色都是观众所熟悉的类型，台词也都耳熟能详，只需稍做一些改动而已。所以，不妨回想一下你看过的每一部 B 级电影[⊖]，然后在那种语境下从以下演员表（按出场顺序排列）中选择你最适合扮演的角色。

大猩猩

你是一名独裁者，唯一的问题是：你是仁慈的独裁者还是残忍的独裁者？如果你是仁慈的独裁者，你会因为制定了让整个市场领域繁荣发展的标准而备受尊敬，你会拿出举世公认的巨额利润进行持续投资，这将使未来数代人获益匪浅。如果你是残忍的独裁者，你会要求合作伙伴奉献始终不渝的忠诚，而你自己的行为却完全是反复无常的，你会在一些玩家中制造恐惧、仇恨和怨愤，但也会任性地让另一些玩家大发横财——至少会发上一段时间，就连跟你最势不两立的敌人也不得不承认一切都在正轨上。这两种角色都是可接受和稳定的。唯一不可容忍的是有任何人怀疑你正在失去对权力的掌控。

对大猩猩而言，优秀的辅助角色是帝国主义者和公民，前者表明你

⊖ 指低预算影片，通常缺少明星阵容，会套用观众熟悉的类型模式。——译者注

不仅强大到可以继续掌权，而且还可以扩张势力，后者则表明你正在保护当前的市场参与者，使它们不会在下一个范式中失去特许经营权。相比之下，原地踏步则会令人感到尴尬不安，因为这会使你成为各种阴谋诡计的固定靶子。眼下，正是这种担忧让市场为诺威尔公司——局域网市场中的大猩猩，感到紧张不安。

黑猩猩

你的角色是最不稳定的，你必须始终表现出你正在行动中。你之所以会成为黑猩猩是因为你是上一个龙卷风市场的大猩猩候选人，但是落选了。这意味着你永远是大猩猩的威胁，并且是猴子的移动靶子。同时，你在既有市场中拥有真正的权力基础，这是你不能放弃的。下面是你必须做的事。

（1）采取如下措施确保你的权力基础：退守到整个市场的一个子区域中，积累足够的完整产品优势来抵御哪怕是大猩猩的攻击，并且向所有人清楚地传达以下信息。

A．你没有兴趣在既有市场中搞进一步扩张。

B．你会誓死捍卫眼下这块地盘。

（2）提出一个新的权利主张，无论是作为帝国主义者还是作为淘金者。这么做的目的是摆脱当前大猩猩的压迫。如果你的支持者认为你能成为未来市场的大猩猩，它们就会在现有的市场上支持你。要确保你的目标是当前大猩猩很难从你手中夺走的东西。记住，现在和你打一架是符合它的利益的。

（3）让当前的大猩猩始终忙于玩"我们来让你和他打一架吧"的游戏，这时你得不断地将其他竞争对手推进战斗中。Informix 公司的菲尔·怀特（Phil White）运用这一策略取得了辉煌的成功，他首先利用 Ingres 公司，然后是赛贝斯公司，让甲骨文公司忙得团团转，从而使自己躲在拉里·埃里森的视线范围之外。

如果你扮演这个角色需要获得额外的指导，并且也可以在百忙之中抽出点时间，那就去看看莎士比亚的历史剧——它们的全部主题就是黑猩猩的阴谋，每一只黑猩猩都想成为下一只大猩猩。

猴子

这是一个简单的角色，只要你别装作你不是猴子即可。你的主要观众是分销渠道和采购代理，它们对大猩猩和黑猩猩的主张都不太满意，它们更希望能多获得一两个百分点的利润率。不要把营销传播的钱浪费在公关或形象广告上——那些是供需要与终端用户和投资者建立关系的黑猩猩和大猩猩使用的，而你完全是个中间人。

你的目标是成为在生意上最好说话的低成本供应商。你应该从一开始就明白，这种状态本质上是短暂易变的，而你自己本质上也是短暂易变的。如果有人想跟你打架，你就立刻逃到最高的树上去。然后，当袭击者感到无聊而离开时，你再跳下来继续做生意。要鼓足信心，因为在所有灵长类动物中，你的生意的持续时间将是最长的。

探险家

你只是市场这出大戏里的一个临时演员，你觉得市场有趣，是因为你或许可以挖掘到什么信息，但除此之外对你而言市场是一片空白，因为你没有立刻从中获利的动机。

如果这就是你的主要身份的话，那么它将是一个令人困惑的角色——就好比那些非营利行业联盟所扮演的角色，如半导体制造技术战略联盟（Sematech）、电脑辅助设计架构始创会（CAD Framework Initiative）、开放系统协会（Open Systems Foundation）。人们完全不知道应该在多大程度上认真对待这些组织颁布的任何标准，而许多开发环节就在这个过程中被浪费了。

如果探险家扮演的是大猩猩或黑猩猩的辅助角色，那它就会有趣多了。大猩猩或黑猩猩有能力资助这样的探险活动，希望能找到一条"西北航道"[⊖]或是其经济等价物，这是淘金者出征的前奏。

淘金者

你的角色是使高科技市场区别于其他市场的关键所在。你声称已经找到了黄金，现在你的主要目标是招募一个合作伙伴团队，穿越鸿沟，去开采黄金。你能领导这支队伍是因为你是唯一一个真正知道黄金在哪儿的人，是唯一一个能够定义目标应用程序和完整产品的人，也是因为你拥有对价值链中至少一个关键元素的专有控制权。

⊖ Northwest Passage，指由格陵兰岛经加拿大北部北极群岛到阿拉斯加北岸的航道，这是大西洋和太平洋之间最短的航道。——译者注

能让别人追随你绝非易事，最好由一位人们愿意相信的、有人格魅力的领袖来代表你。这位领导者必须能生动地描绘未来，以至于原本谨慎的人也愿意放弃目前的安全状态，转而追求新的目标。由于缺乏任何历史证据，因此我们提出的论点必须简洁明晰、前后一致、合乎逻辑，让人们能够相信，此时的信任靠的只是我们对它的解释。当你需要带领你的团队跨越鸿沟时，你将通过关注一个特定的目标客户并为之提供一个令人信服的购买理由来加强你的信誉，然后毫不拖泥带水地为那个应用搞定完整产品。

帝国主义者

这一角色可以由任何能够将其既有产品的市场延展到新领域的守旧派成员担任，无论这种延展是通过地理扩张，还是通过率先移植到新的计算平台，或是通过更深入的垂直市场渗透实现的。我们的假设是，为这些新市场服务的现有基础设施或者土著没有任何武器来对抗你带来的新技术。

不管假设是否成立，你都会发现土著的真正力量在于他们能通过分销和传播这两种渠道控制接近客户的机会。要想取得成功，你必须抛开一些帝国主义者的傲慢，屈从于当地文化，建立互利和相互依赖的合作伙伴关系。如果你这么做，你就能在新市场上获得强大的地位，能抵御哪怕是最强大的竞争对手。

帝国主义者的发展是维持守旧派生存能力的关键。当其他市场制造者们在试探当前市场的边界时，他们需要知道你以及他们将从这里走向何方。在与扩张主义初到者竞争时，闭关自守者往往会在啄食顺序中失去优势，因为前者的金库里塞满了新世界的财富。

土著

这个角色是帝国主义者的反面镜子。你没有新技术，你有的只是现有的关系，你可以选择支持或抵制帝国主义者的到来，这取决于哪一种做法对你更有利。但是，被动回应，什么都不做，则注定会失败。

无论你是抵制还是支持，你都必须以同样的方式扮演这个角色，把自己定位为一个在本土市场结构中享有良好声誉的成员，并据此解读帝国主义者的举动。关键是要能率先认识到并理解帝国主义者的能力和重要性，然后利用这种认识将自己定位为见多识广的代言人。无论采用哪种方式，这都可能是一个突破机会，让一家迄今为止默默无闻的公司获得重大市场影响力。

例如，当 IBM 决定以一种被称为 AD/Cycle 的综合架构进入 CASE 市场时，它将一个鲜为人知的叫作 Bachman 公司的供应商推上了显著位置，后者一夜间占据了基于存储库的应用程序开发的有利地位。Bachman 公司将自己定位为土著市场代言人。最终，IBM 未能实现其愿景，Bachman 公司随后也因受制于这种关系而受到损失。尽管如此，它此前的举措依然是非常高明的，是一种极好的土著反应。

野蛮人

这是市场上最具侵略性的角色，因为你一旦上了这条船，就没有退路了。好消息是，在通常情况下，如果没有先在其他地方获得动力，你是不会贸然入侵守旧派的既有市场的，所以你对于什么时候真正宣战有着很大的控制权。事实上，最成功的策略是根本不宣战，取而代之的是从既有市场的边缘入手，一点一点地侵蚀它。

然而，守旧派迟早会警觉，一旦发生这种情况，你的任务就是召集起一大群入侵者——新的龙卷风市场制造者，去进攻一块有争议的市场区域。能否成功取决于你是否能意识到你正在打一场持久战——守旧派绝不会离开，因为它没有其他地方可去，所以你必须小心策划你的进攻。

当微软公司用它的 NT 操作系统攻击以服务器为中心的计算世界时，它是一个野蛮人。它的最佳初始目标是局域网，在那里它将直接与诺威尔公司发生冲突。如果它在那里获胜，它就能逐渐向上游发展，首先攻击低端 Unix 市场，然后一路努力，最终包围高端服务器，所采用的方式就和现在以惠普公司为首的 Unix 野蛮人包围 IBM 大型机时差不多。但即便是微软公司，在执行这一战略时也必须很谨慎，因为正如我们将要看到的那样，当地公民的手中也拥有强大的武器。

公民

当你的核心市场受到一大群可怕的野蛮人的攻击时，你该怎么做？而且这些野蛮人是由某个冷酷无情、头发乱蓬蓬，还戴着副眼镜的家伙领导的！首先你必须敲响警钟，把入侵者拉到外面的空地上，这样他们的侵蚀策略就不再奏效。然后，你必须组织起自己的市场制造者盟军进行防御战。

　　你的策略的关键不是反击，而是在完成完整产品的问题上打一场消耗战。你把自己定位为守旧者的代言人，表示你对新技术怀有最大的敬意，但对于它不能向你的市场提供完整的解决方案持保留态度。你要对它缺乏实用软件、标准和程序以及构成成熟操作环境的所有其他寻常元素表示不满。根据定义，野蛮人必须在你的地盘上作战，所以你可以设置任何数量的此类障碍让他们跳过去，消耗他们的时间和资源，令他们的盟友感到丧气。与此同时，看看你能做些什么在入侵者的大本营市场煽动叛乱，与那里心怀不满的黑猩猩合作来削弱大猩猩野蛮人的权力基础。

　　所有这些都可以为你的最终反应赢得时间，但这次反攻的前提必须是你本人将新技术带入战斗中，从而使战斗彻底脱离野蛮人的控制。IBM 目前正凭借其新的低成本高端处理器在大型机市场上推行这一战术，我们将拭目以待，看它能否成功引领高德纳咨询公司（Gartner Group）等分析师们所预测的集中式计算的复苏。

　　我为大家解说的 B 级电影版《高科技谷》到此就结束了。如果这些角色特征真的被具化成漫画人物，那么潜在的一点是至关重要的：市场制造者正是通过这种基于情景的角色扮演来理解彼此在市场上的存在的。因此，要在一个市场中成为一种可信的存在，你必须把自己表现成在一种熟悉的情节中扮演一种熟悉的角色。这是在市场结构中定位的唯一目标。

　　许多这样的定位努力最后都失败了，原因是以下两点之一。更为常见的一种情况是，该公司"过度扮演"自己——不愿意扮演符合其立场的小角色，坚持要演主角。这些公司被市场认为是天真和愚蠢的，根本不受待见。另一种不太常见但更令人担忧的情况是，那些具有强大市场制造潜力的好公司根本未能向市场表明它们的意图。相反，它们把所有时间都花在谈论自己的产品上。市场制造者对其他人的产品全然不感兴趣，它们只对自己的市场感兴趣。因此，你在一个市场上的定位其实根本不是关于你自己的，而是关于你将如何影响市场上其他公司的赚钱能力的。

　　人类很难意识到，他们所做的关于自己的定位声明并不是为了进行自我表达，而是因为认识到，如果他们要协调市场机制，使其为自己的目的服务，就必须这样做。然而，这一挑战只是企业在超高速增长的市场中为竞争一席之地所要面临的一系列巨大障碍的一部分。总的来说，公司的挑战是要不断采用新的战术，经常需要彻底改变迄今为止已证明是成功的方法，为的是跟上生命周期下一阶段的需求。实际上，这意味着你永远不会感到舒适，永远不能安于一套方法。如何在这种情况下管理团队、稳定团队，使他们能够在令人无所适从的变化中保持方向感，是《龙卷风暴》的下一章也是最后一章要探讨的主题。

第十章　组织领导力

进入本书的最后一章，让我们花些时间反思一下我们走过的路。

在上卷中，我们对技术采用生命周期从头到尾进行了探讨（第二章），分离出六个阶段，每实现一个阶段的跨越，市场力量会从根本上发生自我逆转，商业战略必须做出巨大改变才能适应。在这六个阶段中，我们将重点放在其中三个上：保龄球道（第三章）、龙卷风（第四章）和主街（第五章）。我们深入探讨每一个阶段，以了解公司外部推动市场的力量，然后将这些知识运用到公司内部，帮助制定战略优先事项。我们一次又一次地看到这些优先事项不仅会转变，而且还会自我逆转，从而了解了准确找到公司在生命周期中位置的重要性。在这一语境中，我们回顾了能帮助我们正确做到这一点的工具（第六章）。

在下卷中，我们研究了快速变化的生命周期力量对市场中权力分配和管理的影响。在第七章"战略合作伙伴关系"中，我们考察了这些力量对我们与盟友互动的影响，在第八章"竞争优势"中，我们考察了这些力量对我们与竞争对手互动的影响。然后，在前一章"定位"中，我们考察了这两者叠加在一起时的影响，关注焦点是如何在由市场制造者、合作伙伴和竞争对手组成的总体系中占据一席之地。

在每一个阶段，我们都强调必须扮演市场所规定的角色，要在角色之间实现平稳转换，放弃那些已经不再有益的旧行为，采取直到最近才被解禁的新行为。现在我们只剩下一个问题需要回答：世界上怎么可能有人真正做到这些？

全世界是一个舞台

人不像乐高积木。我们无法随时重新配置自己，也不乐于接受强加给我们的这种重新配置。如果我们的组织不断地被重新分配和重新定向，它们就无法有效地运作。然而，所有这一切正是在超高速增长市场中获得可持续性成功所必须做到的。

为了在这种情况下进行领导和管理，我们必须为所有这些变化提供一个稳定的基础层。幸运的是，我们可以向一种机构学习，因为它完善了角色的快速转换方式。这个机构就是剧团，虽然这个比喻一定会让人笑出声来，但它其实并不像你想象得那么牵强。

我们首先看一下"改变"这一概念。星期二剧团演出《奥赛罗》,大家都知道赫尔曼扮演的伊阿古非常精彩。但是在星期五,当他们演出《国王和我》时,他只是个舞台工作演员,因为他五音不全。那么,有人对这种安排有意见吗?有人对剧团的做法或是赫尔曼在其中扮演的角色感到困惑吗?绝对没有。这个群体**确实**很容易进行自我重新配置,也**确实**很乐意接受这种强加的重新配置,并且**乐于**不断地被重新配置和重新定向。

让剧组保持稳定的是**剧本**、**角色**、**导演**和**角色分配**这些概念,我们可以借鉴其中的每一个概念来为超高速增长的市场建立起一个有效的组织。从剧本或者是商界通常所说的"场景"开始。这整本书可以被理解为三个场景的运作,即"在保龄球道里""在龙卷风中"和"在主街上"。在这些故事中进进出出的是一群非比寻常的角色——大猩猩和猴子、淘金者和帝国主义者、野蛮人和黑猩猩。我们当初并没有那么认真地对待这些角色,这也不是有意的,因为它们确实是角色,而且我们也绝对是这样理解它们的。

所以问题就来了:如果我们真的认真对待这一切,我们能在多大程度上践行这一理念?在这里我们必须小心行事。生活不是文学,没有什么是命中注定的。我们利用剧本和角色来帮忙寻找方法,这更像即兴表演,而非正式演出。只要我们对该类比保持举重若轻的态度,就可以继续利用它前进。一旦我们过于严格地执行它,它就会失败。

把上述告诫牢记在心,我们现在就可以回头去研究剧团了,特别是那种专门从事"即兴表演"的剧团,看看它们在角色分配和导演方面的做法能给组织领导层出现的商务问题带来什么启示。事实上,这个想法和几年前流行的交响乐指挥家的比喻并没有太大差别。融合人才以及从团队中获取最大收益是两者共同的追求。但这里依然存在以下一些本质性的关键区别点。

- 即兴表演的导演来自演员内部，它随着形势的明朗而即兴出现。相比之下，交响乐指挥只是指挥和控制管理的一种更为亲切、温和的表现。
- 因此，即兴表演的导演角色是"浮动"的。与交响乐指挥家不同，即兴表演的导演角色不是分配给某个个体的工作，而是一种功能，依附于能率先"识别"剧本展开情况的那个人。
- 最后，在乐团中，每位音乐家都会演奏为他们指定的乐器，而在即兴表演中，演员的角色会不断变化。演员不是专家，台词永远不会完美，即兴表演的目标是尽可能制造出最好的效果，然后继续下去。

这一比较还包含其他方面，我们稍后将进行讨论，特别是即兴表演团队没有能力扩大规模的问题，但现在让我们把话题转回到超高速增长市场的业务问题上。

组织超高速增长

超高速增长管理的核心机构是通过开发一种新产品类别而形成的跨

职能团队。其核心是产品市场营销经理，这是所有力量汇聚的中心点，其面临的挑战是首先让产品进入早期市场，然后跨越鸿沟。支持该团队的是职能业务管理部门的标准机构，如工程设计、市场营销、制造、销售和财务等，该团队的各类成员均来自这些机构。

该团队的第一个任务是创建一个基于市场的场景，一个旨在说明在当前参与者、不断变化的需求和新产品类别进入等给定条件下，市场可能如何发展的剧本。根据他们自己的经验，再加上他们可以着手进行的任何研究，并使用类似本书中提供的模型，团队可以预测一种可能出现的未来，并围绕它制订一个计划。每一个被代表的功能都与其他功能进行交互，以检查各种假设，并在问题出现之前捕获问题。这么做与排练节目已经很接近了。

这出戏开始了，很快大家就可以看清楚，这是一场即兴表演。没有任何东西是遵循剧本来演的，许多预测被证明是错误的，但团队仍然在向前推进，而且，如果运气好的话，市场最初形态将开始出现。一切都在大家的精心呵护下向前迈进，在龙卷风的迹象出现之前，这种形式或组织将始终保持稳定。

然而，在这种稳定状态中，在技术采用生命周期的前半部分会有不同的参与者占据中心位置。在早期市场阶段，研发工程师、销售支持工程师、宣传者和充满个人魅力的销售人员都站在最前面。当鸿沟出现时，团队会要求做短暂的幕间休息，并且在营销人员和财务人员周围挤作一团，然后他们开始上演第二幕，这时候，垂直市场经理、合作伙伴经理以及以市场为中心的销售团队开始登场。而在所有这些时间里，负责制造、采购、质量控制和人力资源的人员都在后台努力工作。

可一旦龙卷风来临，所有这些都将发生变化，**客户亲密度**的目标将**被运营卓越性**的目标所取代。有史以来第一次，所有生产机构必须全力以赴，每一个机构都要相对独立地按照自己的节奏运作，以确保获得最高效率。现在，此前的所有"后台"功能都居于舞台中心地位，因为运营规模在急剧扩大，以应对龙卷风的需求。

这时，会出现一种解散原先团队的诱惑，因为该团队的非正式运作模式被认为不适合正在进行中的大规模资源配置，而且考虑到管理决策的特殊财务影响，该团队的成员被认为资历太浅。这两种担忧都是合理的，但是解散团队的做法却不合理。相反，我们应该对该团队进行改造，把它从冲锋陷阵的特遣队变成产品营销委员会，负责确保不同生产职能部门之间的持续沟通和问题解决。因为如果任由这些生产职能部门自行其是，它们就会只针对自己的本地进程进行优化，从而使总体效果远远达不到最佳水平。

要一直等到市场已经过渡到主街期，产品领导力的战略已经被**客户亲密度**所取代，该委员会才可以安全地解散。一旦这种转变真的发生了，超高速增长的力量就会消退，公司也就可以按照传统的主街模式来重新进行自我调整了。此后的关键将是瞄准利润丰厚的 +1 机会的产品营销和营销传播，以及旨在持续压低基本成本的产品管理。但是这些都不需要由特定的组织来执行。

管理超高速增长

超高速增长剧情的每个发展阶段都对技能和专业知识提出了特殊要求。即兴表演剧团的组织结构创造出了灵活性，使拥有相关技能的人可以在演出中随意上下场。但在幕后，仍需要具有更高水准的领导和管理，需要有人在诸如企业、合作伙伴关系、投资者之类的更大架构内为当地团队提供支持。要在这个角色上取得成功需要什么条件？

在这里，我们会感受到超高速增长变化的全部力量，因为接下来的内容将清楚地表明，没有一种个性可以在主流市场发展的三个阶段中都奏效。这一结论带来的全部后果将在本章末尾加以讨论，但此刻让我们至少描绘出每个阶段的理想候选者。

为了方便讨论，让我们先重新审视以下原则：生命周期主流区域的每个阶段都会将两条价值准则推到最前面，同时要求第三条价值准则退后。图 10-1 清楚地反映了这一理念。

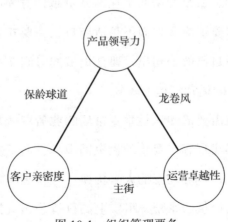

图 10-1　组织管理要务

通过围绕这个三角形展开工作，我们可以总结出生命周期每个阶段的头等管理要务。

保龄球道期的管理

保龄球道期的战略目标是在市场广泛接受产品之前，让主流客户采用非连续性创新产品。为此，我们建议采取的策略是专注于具有迫切需求的垂直细分市场，要特别注意构建一个完全的完整产品，可以满足财务型买家的投资回报率要求。

现在，通过宣传这种非连续性创新产品，我们正在自动将产品领导力引入这个市场。我们的策略有别于他人的地方在于，我们将它与客户亲密度联系在一起。这就是我们致力于开发针对细分市场的完整产品的真正含义。如果不深入理解客户的业务应用，我们就无法执行该策略。在履行这一承诺的过程中，必须牺牲另一样东西，就是运营卓越性。保龄球道期不是引入流程管理或控制系统的好时机，因为我们的工作流中缺乏必要的销量和可重复性来回报在运营卓越性方面的投资。相反，在这一时期，我们需要适应客户而不是适应自己，要花更多的时间待在客户那里而不是待在自己的公司里，要把更多的时间花在他们的应用程序上而不是花在自己的运营流程上。

保龄球道期最需要的知识是垂直市场的**业务专业知识**。公司提供的完整产品必须能够实现客户要求的投资回报率，而要实现这一点，它就必须由真正了解客户业务动态的人来构建。考虑到客户得在很大程度上依赖于高科技公司提供的系统，事实上高科技公司会持续因为自己对客户的业务实际运作原理知之甚少而感到懊丧。然而，在保龄球道期，由于管理团队意识到他们恰恰得在仔细评估这一类知识的基础上指导保龄球道策略，于是这种尴尬就变成了严重的焦虑。

一旦某一细分市场成为目标，那么最受追捧的市场专业知识就变成了**应用工程学**，它代表着以下三种能力：整合该领域中针对细分市场的解决方案，让某一类客户积极行动起来，以及开始将可靠和可复制的完整产品制度化。这需要专业素质和想象力的特殊结合，它与让公司在早期市场上获得成功的研发才华和即兴创新相去甚远。保龄球道中的客户亲密度并非基于与单独某位意见领袖建立亲密联系，而是基于吸收那些将整个细分市场结合在一起的重要议题并对之做出反应。

当我们在这一发展过程中推进时，管理不应以过程为导向，而应**以事件为驱动力**。保龄球道中的关键问题不是效率而是时间。我们正在向龙卷风跋涉。在龙卷风来袭之前，我们能拥有的细分市场越多，我们的起步位置就会越好。我们需要有一种紧迫感，用来平衡想抓住每次单个机会的冲动。现在尚不是为多数机会牺牲单个机会的时候，但现在是把一大群单个机会聚拢在一起的时候。

保龄球道期也是让新员工加入组织的时机，在这里，**招聘**专业人才至关重要。新来的员工不仅应该为未来的新员工制定标准，而且还应该为从一开始就在公司工作的员工重新制定标准。前主流公司会用机会主义的，常常是漫不经心的方式获取员工，导致人才的高度多样性。公司绝不能允许这种人才库中的较低端员工去雇用对他们构不成威胁的人。相反，这些人必须受到新聘人员的刺激，要么升职，要么离职。

最后，从财务的角度来看，保龄球道期的首要成功指标是**目标细分市场内部的收入**。这甚至比总收入更重要，因为后者可能会因为获得某项意见领袖型交易而膨胀，但实际上该交易却有损于企业的前进计划。跟踪细分市场收入的最大挑战是对目标式或"靶心"式营销的售后修正。所谓"靶心"式营销，就是以实际命中的任意地方为靶心，围绕它画上靶子。管理层需要有足够的智慧来防止这种情况发生，这通常需要提前获得一份细分市场内部被正式认可的公司的名单，并且让整个团队的薪酬与达到特定细分市场内部的收入目标挂钩。

把所有这些因素综合起来看，管理层应该是亲力亲为的领导者，他们会花更多时间与客户和团队在一起，而不是审阅报告或是讨好最高管理层。扮演这一角色的必定是团队领导者。他们不必是资深人士，但在实现目标的方式上应该非常专注和训练有素。他们必须有很强的质量控制意识，但这一意识应该植根于客户满意度，而非流程指标。他们应该富有人格魅力，外表和性格对同事和客户而言都很有吸引力。最重要的是，他们必须坚定不移地致力于实现最终目标，同时在实现手段上保持高度的灵活性。

接下来我们将所有这些特点与龙卷风期所需要的管理风格进行对比。

龙卷风期的管理

龙卷风期的战略目标是，在相对短暂的基础设施改造期间尽可能多地捕获"终身客户"。为此，我们建议采取的策略是无视终端用户和财务型买家，把工作重点放在基础设施买家和接触这些买家所需要的分销渠道上。这一时期总体价值主张的基础是提供快速、风险最小化的向新范式过渡的方式。

既然是新范式，就意味着我们仍然在产品领导力的领域运作。事实上，在整个龙卷风过程中，竞争压力将迫使所有供应商通过频繁推出新品来不断升级产品，而每次新品推出都会提高关键性价比指标。这一时期与保龄球道期的区别在于完整产品的同质化而非个性化，以及对普遍的全局基础设施而非对特定细分市场的业务解决方案的渴求。这种需求迫使供应商进入一种大众市场模式，这种模式要求展示运营卓越性，以满足"一门心思地出货"的迫切要求，同时又不会出现退货情况。现在，抽出时间为特定客户定制解决方案是让人深恶痛绝的想法，因为这会减缓龙卷风的速度，并带来故障风险。所以，客户亲密度必须退居次要地位，新的目标是：首先制度化，然后标准化，接着商品化。

龙卷风中最紧俏的是**系统专业知识**。这同时适用于外部和内部系统。在外部，客户需要有人帮他们将新旧范式结合在一起，以创建具有适当性能特征的操作性基础设施。简单地说，客户别无选择，必须让这些系统运作起来。各种晦涩难懂的技术问题阻碍了这一进程，而那些能够提供所需的专业知识、让自己的客户得以快速启动和运营的供应商们则能够速战速决，然后去捕获更多的客户。与此同时，从内部看，公司本身也必须加强自身的内部系统建设，以应对快速砸下来的极高工作量。

除了强大的系统工程学专业知识外，龙卷风公司还需要有强大的**销售管理**。龙卷风期的问题不在于完成一次销售，而在于完成**多次**销售。缺乏训练的销售团队会精心挑选市场，小心翼翼地维持自己的地盘规模，以保持这种方便的工作方式。如果公司想在龙卷风大战中脱颖而出的话，销售管理部门就必须不断提高平均销量。

这种提高收益率的迫切要求只是公司组织面临的众多挑战中的一个，这些挑战要求采用**流程驱动型**管理风格。在龙卷风中，一个必须始终服从于多个，而多个绝对不可以被当成一系列相互无关联的事件来管理，而是要作为一个过程流来管理。第一次就把事情做对是至关重要的，因为这是在为第100次和第1000次事件树立先例。而且，建立度量标准以便使各流程能够实时进行自我校正是绝对必要的，因为随着龙卷风期间销售量骤增，基于质检的质量控制已经是不可能的了。那些必须继续实行消防演习式运作的公司组织其实没有完全放弃它们的保龄球道策略。在龙卷风中，虽然有各种事件要求获得注意，但只有关注流程才能获得回报。

在这种高速扩张期，公司会雇用大量的员工。这时候，至关重要的一点是**新员工培训**，即如何让员工从正确的起点出发。这里的目标是传达孕育出公司文化的核心价值观，这是一套根深蒂固的指导方针，让大家得以在龙卷风期的无数决定中找到方向，而不必总是要去请求许可、寻求监督或是乞求原谅。沟通的媒介不能是手册、培训课或视频，它必须通过直接的人际接触进行。考虑到涉及的工作量，这必然是一个流程，但又绝不能让人觉得这是一个流程——这就是挑战所在。

最后，在财务方面，至关重要的准则体现在**现金流管理**方面。在龙卷风中，收入猛增导致应收账款膨胀，并大量消耗公司的流动资金。大多数龙卷风公司至少会经历一次现金危机，尽管业务迅速取得了成功，但离发不出工资只有一步之遥。再一次，对流程的熟练掌握是核心要求。

综上所述，我们可以推断出一种与保龄球道期形成鲜明对比的领导形象。在保龄球道中，我们需要亲力亲为的领导者，他们会卷起袖子亲自上阵。而在这里，我们需要能够超脱于争端之上的执行官，他们能看到森林而不是被困在树上，他们重视防火胜过灭火。要做到这些，我们需要一位经验丰富的专业人士、一个曾经历过龙卷风的人，他不仅理解业务流程在高压力水平时期的价值，而且知道该如何实施这些流程。我们要寻找冷静而非有个人魅力的人，要寻找训练有素而非性情样貌俱佳的人，他们对优先事项的把握力度超过了对细节的把握力度，而且能够在身边所有人都失去理智的时候保持头脑清醒以及流程的正常运转。

这些就是让公司在龙卷风的旋涡中稳步前进的捍卫者，如果让他们在主街上继续这么做的话，他们同样也会让公司稳稳地搁浅。

主街期的管理

主街期的战略目标是利用任何新近被采用的基础设施所固有的两个市场发展机会：一个是继续在市场边界部署核心商品，延伸到二级地理区域；另一个是在市场中心深化渗透，向下钻到二级应用中去。为此，我们建议采取的策略是继续将基础完整产品商品化，并在此基础上主动推行 +1 方案，以契合基于利基市场的价值主张。由于前一种策略继续迎合基础设施买家，产生的利润率越来越低，所以后一种迎合终端用户特定需求的 +1 策略往往是决定性因素。

由于我们在继续从事商品业务，因此运营卓越性仍然是一项至关重要的价值准则。此时我们的策略与龙卷风策略的不同之处在于，如今在核心性价比因素方面做进一步研发投资已经不再能获取足够的回报。因此，在生命周期中，我们第一次将产品领导力这一关键成功因素放在一边，取而代之的是被重新唤醒的对客户亲密度的兴趣。但这种亲密度与我们在保龄球道期所了解的那种相去甚远。在保龄球道中，它是基于对财务型买家关于其特定细分市场投资回报率的想法的深刻理解。在这里，它则是基于终端用户对自身表现的看法，目标是提高生产力或是个人满足感，或者两者兼而有之。我们要服务的正是这些终端用户，我们希望他们能够捍卫我们的利润率较高的 +1 产品。

现在，由于没有一个单一的计划预计可以大获全胜，因此主街战略要求我们将一个持续的 +1 产品流推入市场。因此，我们再次希望采用一种流程导向，而不是事件导向。但是与龙卷风中以确保供应为目的、主要是关注内部运营的流程导向不同，主街流程侧重于从外部创造额外需求，它是建立在深化对终端用户行为的理解和更敏锐地了解分销渠道需求的基础上的。

这种时候最需要的知识通常与成功的消费类包装商品营销有关，但我认为，这门学问本身应该被称为**便利工程学**。+1 计划必须提供真正的附加价值，但附加成本必须非常低。想做到这一点，要么必须消除当前范式中某个令人讨厌的元素，要么必须简化某种先前使用困难的产品特性，以提高使用效率，这两项任务都不需要在产品领导力方面进行大量的额外研发投资。相反，我们希望增加有关终端用户行为剖析、人力因素设计和人体工程学，以及个人满足感心理学方面的专业知识。与此同时，在分销渠道中需要采用一种不同的便利工程学，以便能够以一种独具特色但又经济高效，而且毫不混乱的方式让 +1 产品出现在货架上。

由于 +1 项目交付的大部分内容实际上是在终端用户的头脑中显现出来的——具有主观价值而非客观价值，因此最受欢迎的市场营销专业知识是**营销传播学**。以前人们心目中的战术性工作现在变成了价值本身得到定义的竞技场，公司纷纷在这里与终端用户建立关系。购买价值越来越少地来自我们产品的机械学，越来越多地来自用户体验。对影响这种体验的因素的敏感度，以及操纵这些因素的能力，对于 +1 策略至关重要。与此同时，在分销渠道中，营销传播成为唯一最有价值的元素，因为它在一个原本正迅速成为廉价商品类别的领域创造出需求，获得了公司急需的更高利润率。

上述所有情况都表明我们需要大规模重新部署人才，既要从单纯地为持续降低成本而精简机构入手，也要将重点从垂直市场开发和龙卷风供应链管理的团队准则转移到品牌管理和渠道管理的个体准则上。这是一个重新分配和更新的时期，确保员工为新的工作做好调整是至关重要的，因为对于灵活的团队组织而言，最重要的资产之一就是有机会利用新任务来促进**员工的发展**。

在整个过程中，最重要的财务准则是**利润率管理**，因为主街的目标是充当摇钱树。研发投入虽然没有停止，但应该慢慢来。产品投放次数要减少，投放范围要更广。制造和物流成本控制必须继续有助于达到下一个较低的商品价格点。要持续监测在商品价格水平之上的利润率增长情况，以便证明在旨在赢得 +1 客户的营销计划上增加的支出是合理的。不用说，现在团队薪酬应该与利润挂钩，而不是与收入或增长挂钩。

主街期的管理特点与龙卷风期的管理特点形成了鲜明对比，它需要有一位专注于客户满意度和员工发展的以人为本的领导者。保龄球道管理者专注于垂直市场中的任务分析，以帮助财务型买家获得可客观测量的投资回报率，主街管理者则不一样，他必须擅长针对来自不同人口统计学细分市场的终端用户提出主观价值主张。这需要他拥有一种特别踏实稳妥的自我，因为有效的传播项目需要管理层把自己想说的话放在一边，以便该项目能够传达客户想听到的话。同样，在员工发展方面，成功取决于根据员工自身条件来看待他们，而不是把他们强行塑造成自己想要的模样。最后，主街管理者必须充分以流程为导向，以便让项目和任务持续向前推动，他们还必须不断地给服务对象把脉，以确保多样性和满意度。

领导超高速增长

通过简要回顾刚刚探讨过的管理风格对比，我们可以轻松揭示超高速增长给领导力带来的挑战，如表 10-1 所示。

表 10-1

保龄球道	龙卷风	主街
财务型买家	基础设施买家	终端用户
垂直市场	水平市场	二级市场

（续）

保龄球道	龙卷风	主街
产品领导力 + 客户亲密度（而非运营卓越性）	产品领导力 + 运营卓越性（而非客户亲密度）	运营卓越性 + 客户亲密度（而非产品领导力）
事件驱动（外部／内部）	流程驱动（内部）	流程驱动（外部）
关键专业知识： • 商业知识 • 应用工程学 • 招聘 • 目标范围内的收入	关键专业知识： • 系统工程学 • 销售管理 • 新员工入职培训 • 现金流	关键专业知识： • 便利工程学 • 营销传播学 • 员工发展 • 利润率管理

注意，也许有极少数人能够在上述所有三个模式中成功应对领导公司组织的挑战，但对我们大多数人来说，这完全是不现实的。所以，让我们试着先从个人的角度解决问题，然后再从制度上解决问题。

记得特里西和维尔斯马对公司的建议是专注于一类单一的价值准则，以便为卓越创建基础。如果说作为企业我们无法严格遵循这一建议，那么作为个体，我们没有任何理由不这么做。在这三条价值准则中，哪一条最能激励我们？如果我们的回答是产品领导力，那么我们就可以肯定，主街期不是我们发光的时候。相反，我们应该寻求在保龄球道或龙卷风中做出最大的贡献。前者要求我们致力于创造针对特定应用的解决方案，后者则要求我们更乐于打造通用系统。

同样，如果运营卓越性是我们的强项，那么我们就应该把保龄球道留给其他人，而一旦大额交易量开始，不管是在龙卷风期还是在主街期，我们都要坚持自己的主张。前者更适合那些喜欢在相对混乱的时代发明并实施流程的人，后者则更适合那些喜欢在尘埃落定后专注于等式中人力因素的人。

　　或者说，最后，如果我们认为自己擅长提高客户亲密度，那么在龙卷风期我们就必须心甘情愿地退居二线，因为此时的操作规则是"无视客户"。我们要么早些时候在保龄球道期，要么晚些时候在市场已经转移到主街期时展示自己的力量。前者更适合那些喜欢用系统分析来帮助弥合技术产品与业务目标间缺口的人，后者则更适合那些能够充满想象力地参与终端用户体验领域并创造性地塑造主观感知的人。

　　上述的一切从总体上说只不过是一个自我诊断过程的起点，该过程也应该包括同侪层面的反馈和外部咨询。通过适当地促进，这一练习可以产生有见地的讨论，并带来个人启示，而这种团队建设确实有助于建设团队。然而，归根结底，我们必须使讨论重新回到权力上来：我们如何才能够在不扰乱他人、不威胁他人地位、不使公司组织两极分化的前提下，持续地、自由地调整领导责任？在这种情况下，尽管理想属性的模型可以帮助我们锁定我们理想中的负责人，但只有制度化的组织行为准则才能真正允许权力随着形势而自动转移。问题是，这样的行为准则有可能存在吗？即使在单个项目或小组的局部背景下这种做法被证明是可能的，但你究竟如何才能扩大它的范围，使其能够在全局范围内运作？

惠普的范例

　　事实上，在过去的几年里，我目睹了这样一种全局性操作在惠普公司运作得很成功，特别是在其负责制造所有个人电脑和打印机的消费品业务中。在那里，激光打印机和喷墨打印机部门都经历了多次龙卷风。在此期间，我看到许多个体走到最前沿，做出贡献，然后又退回去，重新融入组织的整体构架中。他们的能力广泛而多样，令人惊讶。惠普文化中的权力和影响力会相对平稳地重新分配，与我有机会观察到的其他全球性企业相比，这一点确定无疑。然而，有趣的是，我并不认为这种成功完全是有意为之。相反，这是由该公司对**共识管理**和**权力下放**的坚定承诺所产生的副效应。

共识管理会受到追捧通常是因为它能够增强来自性格不太强势的团队成员的贡献，通过更全面和平衡的规划与审核来获得更高的质量，并确保广泛接受并支持关键性倡议。但它也因为无法对转瞬即逝的机会做出迅速反应以及不能支持非传统项目而受到批评。在超高速增长的市场背景下，这一点在保龄球道中和龙卷风内会转化为力量，在主街上则会转化为弱点，对于龙卷风反复出现、主街期缩短的高科技领域而言，这是一种很好的折中方案。

但共识管理还有一个特点通常会被忽视。在其持续的、有时看似从不间断的团队讨论会上，领导力、权力和影响力可以微妙地来回转移，而不会干扰管理等级。在不挑战后者权威的情况下，决策权倾向于专业知识而不是职务头衔。因此，产品和客户高手可以在保龄球道期间崭露头角，系统高手则可以在龙卷风期脱颖而出，而整个团队，无论是否心照不宣，都能成功地驾驭超高速增长市场带来的战略变化。

将这种管理风格与更为传统的命令和控制管理风格进行比较，在后者中，问题按照固定路径被传递给有适当权限的人，中途经过的所有人都起到信息提供者或顾问的作用，或者仅仅是作为中间人存在。在这个系统中，决策必须在恰当的控制点做出，其他任何地方都不行。这将导致运营卓越性的支持者去做关于客户亲密度的决策，客户亲密度的支持者去做产品领导力的决策，等等。另外，当市场需求和管理者的才能匹配时，这种机制被证明非常有效，而且由于它很容易扩大规模，因此它是全局性公司组织为稳定的长期主街市场提供服务的首选体制。只不过，它不太适合高科技或其他超高速增长行业。

共识管理如何才能扩展到全局范围？只有通过系统性权力下放。在很长一段时间里，惠普公司的运营规则是，一旦一个部门的收入达到1亿美元，就把它一分为二。即便是现在，当业务规模高出一个数量级时，它就会被拆分，惠普公司的喷墨打印机业务有六个独立部门，激光打印机则有四个独立部门。

要理解权力下放型组织相对于中央集权型组织的竞争优势，不妨考虑一下球体的表面积和体积之间的关系。用表面积代表公司中与客户和市场有直接联系的所有员工，用体积代表公司的员工总数。如果你把这个球体的体积翻一番，即将员工总数翻一番，那么你的表面积只会增加70%。其余的新员工将被消耗在与其他员工打交道上。但是，如果你先把球体一分为二，然后再把它的体积翻一番，那么你的表面积总和也会翻一番，你会多出来30%的新员工为市场做出直接贡献。你把东西分得越小，表面积与体积的比率就越高，就这么简单。

注意，在一个快速变化的环境中，例如在超高速增长市场环境中，把在公司外部产生直接互动的员工比例进行最大化就能增加及时获得市场情报的机会，无论那是关于客户、合作伙伴还是竞争对手的，这样一来就可以提高公司的整体成功概率。诚然，这种权力下放还需要进行一些内部职能复制，会对规模经济产生负面影响，但事实证明，在迅速变化的市场中，各种进程不会在稳定状态下保持足够长的时间让规模经济生效。相反，大规模系统会不断地处于启动或拆除模式中，不断地进行重组，永远也无法发挥其全部力量。

在所有这一切中，人们往往认识不到权力下放对共识管理的内在支持。20世纪80年代末，这一问题在惠普公司已经到了非解决不可的地步。就在这时，休利特和帕卡德再次介入，解散了一系列负责监督企业资源矩阵管理的中央委员会。他们深刻地体会到，这种结构危及惠普的理念，有可能将共识管理从一种资产转变为一种负累。以协商一致为基础的缓慢决策步伐已经够令人沮丧了，而将其集中化和官僚化则更是一场噩梦。

惠普的核心理念，是由休利特和帕卡德倡导并由迪克·哈克伯恩和卢·普拉特等执行官发扬光大的传统，是一种坚定的承诺，即信任惠普员工。有一个关于休利特早年创业期的佳话，说他拿着一把消防斧头来到一个补给室的门前，因为这门被锁上了，而一些周末加班的员工需要得到一些补给。休利特似乎是在说：如果我们托付我们的员工为公司做决定，那么我们最好也把补给托付给他们。事实上，"我们信任我们的员工"这句话在惠普的宗旨宣言中占据着重要地位。我从未在其他地方见到过这句话。

要想让共识管理和分散经营的领导战略奏效，对信任的承诺就是必需的。问题是,商业文化并没有对信任这一概念给予太多考虑,而一旦有了这种考虑,就往往会对信任的对立面产生执念:如何才能避免被手下搞砸?这种丑陋的思想一抬头,监督机制、指挥控制以及中央集权必然随之而来。但是我们又能怎么做呢?这个世界充满了不诚实、欺诈和恶意——盲目信任**真的**是一场注定会失败的游戏。所以,我们该如何做呢?

正是在这里,执行官的领导力和榜样能产生最大的影响。一切从招聘流程开始,而招聘流程又从对所需员工的描述开始。微软需要聪明的员工,甲骨文需要聪明和有抱负的员工,英特尔需要有斗志的员工,能够为其对抗文化做出贡献。惠普招聘时则看重诚信。傲慢和对人不尊重的态度在其他任何一家公司都可能很猖獗,但不会出现在惠普公司。这是一个价值观的问题,看你把什么放在第一位。

结　语

归根结底,重视诚信本身是不够的。善意的人仍然会误入歧途,哪怕是通过协商达成了一致(事实上,也许特别是当通过协商达成一致时)。他们需要信息系统和其他反馈机制来帮助他们纠正航向。问题是,这些信息系统首先应该为谁服务,是你还是他们?执行官处在一种指挥和控制的位置上。如果你运用反馈机制和其他信息系统来确保自己尽可能及时地获得数据,没有人会为此责怪你,也不会有人误解你将信任托付在何处。

　　事实证明，信任是一种复杂而富有挑战性的关系，无论是在生意场上还是在育儿或婚姻方面。就像我们在最后几章中所讨论的其他事项一样，说到底，它事关权力。信任的悖论在于，通过明智地放弃权力，一个人可以换回数倍于先前的权力。一旦你达到了你的个人极限，这就是唯一能够帮助你的一种规模经济。而且，由于超高速增长的市场会比生意场上的大多数挑战更快地将你推向个人极限，所以用对信任的思考来结束本书再合适不过了。

2021年最新版

"日本经营之圣" 稻盛和夫经营学系列

马云、张瑞敏、孙正义、俞敏洪、陈春花、杨国安　联袂推荐

序号	书号	书名	作者
1	9787111635574	干法	【日】稻盛和夫
2	9787111590095	干法（口袋版）	【日】稻盛和夫
3	9787111599531	干法（图解版）	【日】稻盛和夫
4	9787111498247	干法（精装）	【日】稻盛和夫
5	9787111470250	领导者的资质	【日】稻盛和夫
6	9787111634386	领导者的资质（口袋版）	【日】稻盛和夫
7	9787111502197	阿米巴经营（实战篇）	【日】森田直行
8	9787111489146	调动员工积极性的七个关键	【日】稻盛和夫
9	9787111546382	敬天爱人：从零开始的挑战	【日】稻盛和夫
10	9787111542964	匠人匠心：愚直的坚持	【日】稻盛和夫 山中伸弥
11	9787111572121	稻盛和夫谈经营：创造高收益与商业拓展	【日】稻盛和夫
12	9787111572138	稻盛和夫谈经营：人才培养与企业传承	【日】稻盛和夫
13	9787111590934	稻盛和夫经营学	【日】稻盛和夫
14	9787111631576	稻盛和夫经营学（口袋版）	【日】稻盛和夫
15	9787111596363	稻盛和夫哲学精要	【日】稻盛和夫
16	9787111593034	稻盛哲学为什么激励人：擅用脑科学，带出好团队	【日】岩崎一郎
17	9787111510215	拯救人类的哲学	【日】稻盛和夫 梅原猛
18	9787111642619	六项精进实践	【日】村田忠嗣
19	9787111616856	经营十二条实践	【日】村田忠嗣
20	9787111679622	会计七原则实践	【日】村田忠嗣
21	9787111666547	信任员工：用爱经营，构筑信赖的伙伴关系	【日】宫田博文
22	9787111639992	与万物共生：低碳社会的发展观	【日】稻盛和夫
23	9787111660767	与自然和谐：低碳社会的环境观	【日】稻盛和夫